CHRISTOPH VON MARSCHALL

# Baustelle Neue Weltordnung

## Über die Grenzen der Vereinten Nationen und des Völkerrechts

Der emotionale Überschwang hat sich gelegt. Die selbstgerechte Gewißheit, in einer Frage von Krieg und Frieden auf der richtigen Seite gestanden zu haben, hat sich verflüchtigt. Immer lauter werden die Zweifel – und die Frage, wo denn heute, nach dem Krieg, die richtige Seite zu suchen wäre. Das ist nicht einfach zu beantworten, denn es geht nicht allein um den letzten Krieg. Sondern um ein grundsätzliches und längerwelliges Kräftemessen, für das dieser Krieg und seine Folgen Anschauungsmaterial bieten: das Ringen um die Neue Weltordnung nach dem Ende des Ost-West-Konflikts, immer noch und immer wieder. Und um den Platz, der den Akteuren zusteht: den theoretisch so mächtigen und tatsächlich so ohnmächtigen Vereinten Nationen; der völkerrechtlich begrenzten, aber real kaum eingrenzbaren Militär- und Wirtschaftsmacht der Vereinigten Staaten von Amerika; den europäischen Mittelmächten, die stets neu erproben, ob sie ihren Einfluß besser im Bündnis mit oder in kontrollierender Opposition zu den USA geltend machen; um den Platz, der Rußland und China, Vetomächten im UN-Sicherheitsrat, zusteht; und den vielen weiteren UN-Mitgliedern, darunter rechtsversessene wie rechtsvergessene und nicht zuletzt die zahllosen Staaten mit undemokratischen, autoritären oder gar verbrecherischen Regimen, die den Rechtsanforderungen der Vereinten Nationen so gar nicht entsprechen, aber die Mehrheit bilden.

Reden und Handeln im Irakstreit haben eine erschreckende Dimension des politischen und moralischen Versagens offengelegt, sowohl in den Reihen der Bellizisten als auch der Kriegsgegner. Da wurde einerseits die akute Bedrohung durch Massenvernichtungswaffen in Saddam Husseins Händen hochgelogen; von Arsenalen war die Rede, die binnen 45 Minuten einsatzbereit seien, von zahlreichen Chemiewaffenanlagen und fahrbaren Biowaffenlabors, die bisher im Irak niemand finden konnte. Die Gegenseite phantasierte Katastrophenszenarien herbei: Der Krieg werde Hunderttausende das Leben kosten, riesige Flüchtlingsströme auslösen und Aufstände in den arabischen Nachbarstaaten provozieren, er werde die ganze Region destabilisieren und dem Friedensprozeß im Nahen Osten den Todesstoß versetzen.

Hier wie da klang das oft so, als gelte das Versteigerungsprinzip – Wer bietet mehr? – und nicht die Maxime, sich nur so weit festzulegen, wie belastbare Indizien das erlauben. In einer Frage von Krieg und Frieden, die höchstes Verantwortungsbewußtsein verlangt hätte, ließen sich nicht nur Bürger, Experten und Kommentatoren, sondern Regierungsmitglieder in Amerika und in Europa zu wenn nicht absichtsvollen, dann zumindest fahrlässigen Irreführungen der Öffentlichkeit hinreißen. Auch Angehörige der

Bundesregierung und der Oppositionsführung. Erröten die Betroffenen schamhaft, wenn die Rede darauf kommt?

Die Fehlprognosen basierten ja nicht allein auf mißverstandenen Informationssplittern – Puzzleteilchen, die dann auch noch falsch zusammengesetzt wurden, so daß sich ein realitätsfernes Gesamtbild ergab. Bestürzender war, daß der öffentlichen Diskussion jede Verhältnismäßigkeit verlorenging. Wer der deutschen Debatte folgte, konnte zeitweise kaum noch sicher sagen, wer eigentlich als die größere Bedrohung für den Frieden galt und wen die internationale Gemeinschaft folglich eindämmen müsse: Saddam Hussein oder George W. Bush? Jedes zivile Opfer im Irak, jeder gefallene Soldat, jedes brennende Regierungsgebäude schaffte es nach ziemlich weit oben in den Nachrichten. Die Zigtausenden Toten hingegen, die gleichzeitig in den Bürgerkriegen in Afrika fast genozidartig hingemetzelt wurden, in Sierra Leone, Liberia, Kongo, Uganda, wurden aus der Wahrnehmung weitgehend ausgeklammert. Auch daß vor Saddams Sturz Jahr für Jahr Zehntausende dem Regime zum Opfer gefallen waren, darunter viele Kinder, die nun eine Überlebenschance hatten, spielte in der deutschen Bilanz von Krieg und Nachkriegszeit keine große Rolle.

Wahr ist: Militärische Interventionen gefährden Menschenleben, Gewalt kann immer nur das allerletzte Mittel sein. Schuldig macht sich aber auch, wer bei Mordtaten, die er verhindern könnte, zuschaut. Wie viele Bosniaken, Kroaten, Serben und Kosovaren könnten noch leben, wenn die Welt früher den Mut gehabt hätte, Slobodan Milošević in den Arm zu fallen? Womöglich Hunderttausende. Und wie viele Bürger des Irak, wenn die Welt Saddam früher gestürzt hätte, statt unverdrossen auf das UN-System von Auflagen, Sanktionen und Inspektionen zu setzen, obwohl es über Jahre erkennbar erfolglos war?

Trotz der Gedankenverirrungen vor dem Krieg ist die Neigung zu nachtragender Rechthaberei nicht sonderlich ausgeprägt. Weder suchen sich die Kriegsgegner aus dem dicken Packen ihrer Warnungen unter den vielen falschen die eine heraus, die sich als richtig erwiesen hat: Die territoriale und gesellschaftliche Integrität des Irak mit seinen vielen ethnischen und religiösen Minderheiten und Clans wird sich nur schwer aufrechterhalten lassen, wenn die Klammer fehlt – Saddams Diktatur, die das alles mit Gewalt und Terror zusammengehalten hatte. Noch verlegten sich die Bellizisten darauf, in allzu penetranter Weise die Massengräber und tödlichen Spuren dieses Regimes dazu zu benutzen, die verlorene Kriegsbegründung – Massenvernichtungswaffen – nachträglich durch eine politisch wie moralisch überzeugendere zu ersetzen.

Diese Verhaltensänderung auf beiden Seiten läßt immerhin hoffen, daß Bellizisten und Kriegsgegner vielleicht doch erfaßt haben, daß nicht nur die anderen, sondern auch sie selbst substantielle Fragen falsch eingeschätzt haben. Amerika lernt, daß es die Probleme der Nachkriegszeit sträflich unterschätzt hat und nicht alleine zu lösen vermag. Mit seiner hohen militärtechnischen Überlegenheit konnte es den Krieg rasch entscheiden und mit äußerst geringen Opferzahlen gewinnen. Das Fehlen eines umfassenden

Konzepts für den Wiederaufbau erweist sich aber als schwerer Fehler. Da hilft auch der Stolz auf einen speziell amerikanischen Pragmatismus – wir lösen die Probleme, wenn sie auf uns zukommen – nicht weiter.

Insbesondere kann die US-Armee ihr größtes Handicap, die kulturelle Distanz zu den Befreiten, nicht überwinden. Die Antwort darauf ist aber nicht mehr UN und mehr Europa, wie viele Deutsche reflexartig meinen, sondern Irakisierung, Muslimisierung, Arabisierung: Mehr Iraker müssen schneller in die Verwaltung ihres Landes eingebunden werden; muslimische Truppen müssen die Friedenssicherung übernehmen, weil nur sie die Codes beherrschen, die der Alltagsbegegnung zwischen Besatzern und Besetzten die kulturelle Spannung nehmen – was damit anfängt, wie man guten Tag sagt, und mit der Rücksicht auf islamische Traditionen etwa bei der Durchsuchung von Frauengemächern längst nicht aufhört. Arabische Unterstützung des Wiederaufbaus schließlich kann – vielleicht – das alles überlagernde Mißtrauen dämpfen, die westliche Hilfe sei nur eine Tarnung für den eigentlich beabsichtigten hegemonialen Zugriff auf ein arabisches Land und seine Ressourcen. Dagegen haben die UN und die Europäer wenig anzubieten, was Amerikaner oder Araber nicht genauso gut könnten – und würden im Zweifel die gleichen Antipathien und Anschläge auf sich ziehen wie die jetzigen Koalitionskräfte. Die Vereinten Nationen können nur eines beitragen: eine höhere völkerrechtliche Legitimation des Handelns in der Übergangszeit.

Die Kriegsgegner wiederum konnten sich den suggestiven Szenen des Jubels über Saddams Sturz nicht entziehen; viele Iraker mögen die Amerikaner möglichst rasch wieder außer Landes wünschen, für die Befreiung von diesem brutalen Regime ist eine große Mehrheit dankbar. Auch wer hierzulande die Intervention ablehnte, wird doch eingestehen, daß das Ende dieser Diktatur politisch und moralisch ein Gewinn ist. Es schärft sich aber auch das Bewußtsein für die veränderte Interessenkonstellation. Regierungen, die sich zu Jahresbeginn als Kriegsbefürworter und Kriegsgegner gegenüberstanden, haben nun ein gemeinsames Ziel: Der Irak darf nicht im Chaos versinken. Ein überstürzter Abzug der Amerikaner ohne gesicherte Stabilisierung wäre ein großer Schaden nicht nur für die USA, sondern auch für Deutschland und Frankreich: weil die Abschreckungswirkung, die diese Intervention auf andere abstoßende Regime ausübt, zunichte gemacht würde. Und weil dann eine Region, von der immerhin auch die Energieversorgung der europäischen Wirtschaften abhängt – und dies in weit höherem Maße als die der USA – schwer kalkulierbaren Gefahren ausgesetzt wäre. Sie würde unberechenbar und womöglich zu einem Rückzugsraum für Terroristen.

Wie kam es zu den vielen falschen Erwartungen, die dann die Wirklichkeit zurechtrückte? Was sich verändert hat seit 1989, das zeigten zuvor drei andere Kriege nach dem Ende der bipolaren Ordnung: das Eingreifen zur Befreiung Kuwaits 1991, der einzige Fall eines uneingeschränkten UN-Mandats, wie es die Charta vorsieht. Die Nato-Intervention im Kosovo 1999 zum Schutz der Menschenrechte nach jahrelangem Zögern der internationalen Gemeinschaft gegenüber den ethnischen Säuberungen auf dem Balkan, allerdings ohne volles UN-Mandat. Und der Krieg gegen den internationalen

Terror in Afghanistan 2001, ohne formales UN-Mandat, aber mit der reichlich pauschalen Bekräftigung des Sicherheitsrats, daß Amerika das Recht zur Selbstverteidigung habe (das ihm laut UN-Charta ohnehin zusteht).

Keiner dieser drei Fälle wurde so erbittert debattiert wie der Konflikt um den Irak. War der etwas qualitativ Neues? Oder hatte die schleichende Veränderung des internationalen Machtgefüges im Laufe der Jahre seit dem Mauerfall 1989 und dem ersten Irakkrieg 1991 nach und nach so viel Zündstoff angehäuft, daß der sich nun entladen mußte? Versuchen wir eine kritische Revision: Wie hat sich die Baustelle Neue Weltordnung seit dem Ende der alten bipolaren Struktur entwickelt? Was ist die realistische Rolle der Vereinten Nationen? Wo verlaufen die Grenzen des geltenden Völkerrechts, und wo eilen die Ereignisse ihm davon?

Doch vielleicht läßt sich das gar nicht objektiv beantworten. Was Fortschritt und was Rückfall, was ein Rechtsbruch und was vertretbar ist, hängt in hohem Maße von den Grundeinstellungen des Betrachters ab – zu den UN, zu den Menschenrechten und zum Völkerrecht, zur Ausübung von Macht und dem Wert der Souveränität, zur Frage, ob man den Sturz von Diktaturen eher begrüßt oder sich vor dem Verlust an Stabilität, der damit einhergeht, fürchtet. Ob man eine idealistische bis missionarische Einstellung zu Interventionen hat – »to make the world a better place« – oder eine skeptische bis zurückhaltende: Was nicht bis zum Ende durchdacht ist, kann böse enden. Die unterschiedlichen Haltungen zu solchen Fragen haben den Konflikt im Westen über den richtigen Umgang mit dem Irak wohl stärker geprägt als die gegensätzlichen Meinungen über den Charakter des Saddam-Regimes und die Bedrohung, die es darstellt.

Ob man besser groß oder klein denken und handeln solle, idealistisch oder skeptisch – da scheiden sich die Geister in Amerika und Europa nach der großen Wende. Die Amerikaner malten eine faszinierende Vision aus – eine Weltordnung, in der die freien, demokratischen Rechtsstaaten den Diktatoren und Verbrechern glaubwürdig drohen: Früher oder später kriegen wir euch; wenn es geht, ohne Gewalt, aber wenn nötig, auch mit. Die Amerikaner brauchten die Vision als Ansporn zum Handeln, selbst wenn die Welt ihnen nicht den Gefallen tut, sich an das Idealbild zu halten. Die Deutschen entschieden sich für Überschwang in der Theorie und Kleinmut in der Praxis, wenn die nicht deckungsgleich mit der Vision war. Fast fünfzig Jahre lang waren Diktatoren unangreifbar. In der bipolaren Ordnung fanden sie im Zweifel immer Schutz auf einer Seite. Auch der Westen schützte Schurkenstaaten, wenn es denn nur die eigenen Schurken waren, die gegen den Kommunismus standen. Dafür gab es nachvollziehbare machtpolitische Gründe, aber für die Moral einer Demokratie waren sie doch ziemlich kompromittierend.

Der Begriff der Neuen Weltordnung wurde denn auch erst nach der Wende populär. George Bush, der Vater, verwendete ihn 1991 zur Begründung des Kriegs gegen den Irak zur Befreiung Kuwaits. Er sprach von einer »Neuen Weltordnung, in der die verschiedenen Nationen sich in einer gemeinsamen Sache vereinen, um die universellen Hoffnungen der Menschheit zu verwirklichen: Frieden und Sicherheit, Freiheit und die Herrschaft des Rechts«. Das klang damals weniger überschwenglich und realitätsfern als heute. Denn die Welt hatte die Bilder vom Herbst 1989 noch in frischer Erinnerung: die Massendemonstrationen im Ostblock, die Diktaturen stürzten, und die Mauerspechte in Berlin, die die Mauer zerhackten. Der alte Krieg war sichtbar zu Ende, die bösen Tyrannenreiche zerfielen. Alles schien möglich, vor allem alles Gute. Da war auch der Gedanke nicht so idealistisch-unwirklich, man könne das System des demokratischen Rechtsstaats auf die internationale Politik übertragen – mit den UN als Weltregierung und Weltparlament sowie US-geführten »coalitions of the willing« respektive der Nato als Weltpolizei. So geschah es dann, wenn auch spät, auf dem Balkan.

Allmählich stellte sich jedoch heraus, daß Amerikaner und Deutsche unterschiedliche Vorstellungen von der Neuen Weltordnung hatten – jedenfalls über das Verhältnis von Theorie und Praxis. In Deutschland neigt man dazu, die Vereinten Nationen und das Völkerrecht zu verabsolutieren, ihnen Vorrang zu geben, selbst wenn sie in einem Einzelfall eher Teil des Problems als Teil der Lösung sind. Umgekehrt in den USA, dort hält man die UN und das internationale Recht für Instrumente, deren man sich bedient, wenn es den eigenen Interessen dient, und die man übergeht, wenn sie nicht ins Konzept passen.

Die Deutschen halten sich zugute, ihre Haltung sei moralischer. Aber ist sie das wirklich? Die Bundesrepublik weiß nur zu genau, daß sie nicht über die Macht verfügt, um das als Recht und richtig erkannte durchzusetzen, sondern darauf angewiesen ist, daß die Supermacht Amerika ihre weltweiten Mittel dafür zur Verfügung stellt. Das im globalen Maßstab kleine, nicht ganz so mächtige, nicht hegemoniale, aber moralisch hoch aufgerüstete Land kompensiert das, indem es die Mächtigeren an das Völkerrecht bindet – oder ihnen Rechtsbruch vorwirft. Dabei hat die gleiche Bundesregierung, die sich im Fall Irak so sehr über das fehlende UN-Mandat zum Einsatz militärischer Gewalt empörte, vier Jahre zuvor, im Kosovo, aktiv an einer Nato-Intervention teilgenommen, der diese letzte Stufe der UN-Autorisierung ebenfalls fehlte. Sie fehlte, weil die Vetomächte Rußland und China sich den Teufel um die Vertreibung und Ermordung Hunderttausender scherten. Es war ihnen wichtiger, den Präzedenzfall zu verhindern: daß die Vereinten Nationen, die einst zur Verhinderung oder Schlichtung zwischenstaatlicher Konflikte gegründet worden waren, in einen innerstaatlichen Konflikt eingreifen. Denn wenn das Schule macht, trifft es womöglich bald einen Ort, wo es Moskau und Peking nicht mehr so egal ist wie im Kosovo. Rot-Grün wußte also, daß man in solchen Blockadesituationen abwägen muß und der Buchstabe der UN-Charta kein absoluter Maßstab ist. Warum dann dieser Rigorismus?

Die Deutschen haben ein Wunschbild von den Vereinten Nationen: Sie sollen das Recht des Stärkeren durch die Stärke des Rechts ersetzen. Nur leider gibt es diese UN in der realen Welt nicht. Das ganze aus den Verhältnissen eines funktionierenden Rechtsstaats entlehnte Vokabular läßt sich auf die Welt, wie sie ist, nicht übertragen: Gewaltmonopol, Weltpolizei, Bestrafung von Rechtsbrechern, einer Ordnung allgemeine Geltung verschaffen.

Recht und Macht, Legitimation und Durchsetzung fallen auseinander. Selbst wenn sich der Sicherheitsrat der Vereinten Nationen einig wäre, daß der Überfall auf ein Mitgliedsland (wie Kuwait) nicht hinnehmbar ist, daß Vertreibungskriege (wie in Bosnien und Kosovo) gestoppt werden müssen und daß das Streben einer Diktatur nach Massenvernichtungswaffen (wie angeblich im Irak) den Weltfrieden bedroht – dann brauchten die UN immer noch eine Instanz, die ihren Interventionsbeschluß durchsetzt. Und wenn ihr Urteil nicht nur im Einzelfall gelten soll, sondern als Prinzip, dann müssen sie auf solche Rechtsbrüche immer und überall reagieren. Doch die Vereinten Nationen verfügen nicht über eigene Truppen, wie sie die Charta vorsieht. Daran wird sich auf absehbare Zeit auch nichts ändern.

Soldaten haben nur die Nationalstaaten. Und sie werden ihre Bürger nicht für ein so abstraktes Gut wie das Völkerrecht oder den Weltfrieden in Lebensgefahr schicken, sondern nur, wenn das eigenen Interessen dient. Und zusätzlich wird jeder Staat, der dazu bereit ist, verlangen, daß er wegen des Risikos für seine Soldaten mehr Einfluß auf die Planung der Intervention nehmen darf als Regierungen, die wenig oder nichts beitragen. Auch deshalb wirkte der Versuch der Bundesregierung, den Gang der Beratungen über den Irak im Sicherheitsrat zu beeinflussen, ja sogar aktiv Allianzen gegen die USA zu schmieden, so unangemessen. Weil Kanzler Schröder von Anfang an klargestellt hatte: Egal was die UN beschließen – wir beteiligen uns nicht.

Wenn die Vereinten Nationen ihr Recht aber nur in den Einzelfällen durchsetzen können, wo Staaten Soldaten stellen, nicht aber generell, dann leidet darunter das Ansehen dieser Ordnung. Sie wirkt willkürlich. So werden in der arabischen Welt die Klagen nicht verstummen, daß Israel UN-Resolutionen straflos ignoriert. Weder finden Tschetschenen bei den Vereinten Nationen Schutz vor russischer Besatzungswillkür noch Tibeter vor der chinesischen. Und Afrika wird noch lange ein Kontinent bleiben, auf dem man fast ungestört Kriege führen und Massenmorde verüben darf. Stärke des Rechts? Recht des Stärkeren! Der Golfkrieg gegen Saddam 1991 blieb der einzige Krieg mit einem vollen Mandat des Sicherheitsrats seither. Strenggenommen war es überhaupt der einzige in der Geschichte der UN, denn der Koreakonflikt 1953 war ein Sonderfall, der nur möglich war, weil damals Rotchina noch keine Vetomacht war und die Sowjetunion im Streit um den chinesischen Sitz den Sicherheitsrat boykottierte.

Nicht nur im Sicherheitsrat haben die Vereinten Nationen Glaubwürdigkeitsprobleme. Ein Beispiel von vielen: Libyen übernimmt den Vorsitz der Menschenrechtskommission. Auch dort, wo die Vereinten Nationen nicht als Beratungsgremium, sondern als Akteur in Erscheinung treten, ist die Bilanz ernüchternd. Die UN-Verwaltungen in Bosnien und Kosovo gelten als teuer und ineffizient, als Riesenbürokratien, die wenig Erfolg produzieren, weil sie als Pfründe verstanden werden. Das Personal ist oft nur bedingt geeignet, weil es nicht nach Kompetenz, sondern nach Quoten und Länderschlüsseln ausgewählt wird. Kontinuität und Motivation sind gering, weil viele Internationale nach ein, zwei Jahren wechseln. Die Kosovaren wären froh, wenn anstelle der UN ein Nationalstaat für den Wiederaufbau verantwortlich wäre, die USA oder Großbritannien oder Deutschland. Mag sein, daß die bei der Verteilung von Aufträgen nationale Wirtschaftsinteressen verfolgen. Aber sie sind wenigstens am Aufschwung interessiert und nicht nur an ihren Posten, und das nützt beiden Seiten. Wäre es also besser, auf die Vereinten Nationen zu verzichten? Nein, denn sie leisten Unersetzliches; sie sind unvollkommen, aber wir haben nichts Besseres, was an ihre Stelle treten kann. Woher soll sonst Legitimation für Zwangsmaßnahmen gegen kriminelle Regime kommen? Das Ziel muß sein, die Schwächen der UN zu beheben, was freilich nur Schritt für Schritt gelingen kann; und sie nur dafür einzusetzen, was sie besser können als nationale Akteure.

In drei Punkten hat die Praxis der Interventionen auf dem Balkan, in Afghanistan und im Irak den Rahmen der UN-Charta verlassen. Erstens verliert die Möglichkeit des Vetos ständiger Mitglieder im Sicherheitsrat gegen eine Militäraktion an Bedeutung. Die Intervention im Kosovo geschah gegen den Willen Rußlands und Chinas, die jüngste im Irak auch gegen den Frankreichs. Die Kriegsbefürworter konnten sich das leisten, weil sie von vielen Ländern unterstützt wurden; sie gaben den Gegnern erst gar nicht die Gelegenheit, ihr Veto formal einzusetzen.

Zweitens ist die Einmischung in die inneren Angelegenheiten eines Staates nicht mehr tabu, die UN fühlen sich nicht erst bei zwischenstaatlichen Konflikten zur Intervention berechtigt, aus gutem Grund: Ist die Unversehrtheit von Menschen nicht sogar wichtiger als die Unversehrtheit von Grenzen? So wie im Rechtsstaat die Polizei eingreift, wenn ein Bürger bedroht oder ermordet wird, soll eine Weltpolizei eingreifen, wenn eine Gruppe von Bürgern von ihrer eigenen Regierung drangsaliert wird. (Freilich wird das, anders als im Rechtsstaat, wo die Polizei jedes Kapitalverbrechen verfolgen muß, auf internationaler Ebene nicht immer geschehen.) Auch die Entwicklung von Massenvernichtungswaffen gilt inzwischen als eine Bedrohung des Weltfriedens, die eine Intervention rechtfertigen kann.

Drittens schließlich machten die Kriegskoalitionen in Afghanistan und im Irak nicht mehr halt vor einem Schritt, der im ersten Irakkrieg und auf dem Balkan noch ganz bewußt vermieden worden war: dem Sturz des Regimes. Bush Vater ließ Saddam 1991 an der Macht, die Nato nach ihrer Intervention im Kosovo 1999 auch Milošević, den stürzten die Serben erst später. Die Taliban in Afghanistan wurden 2001 aus der Regierung verjagt, ebenso Saddam 2003 im jüngsten Irakkrieg.

Die Frage ist also: Weisen diese Entwicklungen in die richtige Richtung, soll man sie stärken? Im Prinzip ja. Sie dienen dem Ziel, die Zahl der UN-Mitglieder, die weder Demokratien noch Rechtsstaaten sind, zu verringern oder zumindest ihren Einfluß zu mindern. Denn daran haben die Diktatoren kein Interesse: daß die Vereinten Nationen die Wächterfunktion wahrnehmen. Die Diktaturen werden auch ungern für ihre Abschaffung stimmen. So gesehen, dürften nur Länder, die demokratische Rechtsstaaten sind, über Interventionen mitentscheiden. Zudem müßten die Regierungen, die tatsächlich die Last der Intervention tragen, einen besonderen Einfluß erhalten. Wenn es stimmt, daß die Vereinten Nationen die USA für ihre Ziele mindestens so sehr brauchen wie umgekehrt, muß man es für Amerika attraktiv machen, seine Möglichkeiten in den Dienst der UN zu stellen. Das könnte zum Beispiel bedeuten, das Veto ständiger Mitglieder im Sicherheitsrat abzuschaffen oder allenfalls den USA ein Veto einzuräumen, weil sie die einzige Weltmacht und Demokratie sind, die den Vereinten Nationen einen global starken Arm leihen können und wollen.

Gegen einen solchen demokratischen Imperialismus mit der Absicht, überall auf der Welt rechtsstaatliche Demokratien zu erzwingen, sprechen zwei Einwände. Erstens würde sich der Unterschied zwischen den Interessen der Weltgemeinschaft und denen Amerikas, die nun gewiß nicht identisch sind, verwischen – bis eines Tages gilt: Was gut ist für die USA, ist auch gut für die UN. Zweitens ließe sich eine solche Änderung des UN-Rechts nur schwer durchsetzen. Leider jedoch stellen die undemokratischen Regime die Mehrheit in den Vereinten Nationen, zwei davon haben Vetorecht im Sicherheitsrat. Doch nicht nur sie erhoben Einspruch, als die Regierung des jüngeren Bush das Ziel ausgab, den gesamten Nahen und Mittleren Osten neu zu ordnen und autoritären Regimen, die Terrorgruppen und Haßpropaganda in ihren Grenzen tolerieren, den Kampf anzusagen. Auch die Bundesregierung war tief beunruhigt über diesen Ansatz.

Was zur Frage führt, wer im Zweifel eher für die Freiheit eintritt: das Amerika, dem man lange vorwarf, menschenverachtende Regime von Chile bis Saudi-Arabien aus wirtschaftlichem Interesse und strategischem Kalkül zu unterstützen, das aber nun zur großen Wende bereit war? Oder Europa, das stabilitätsversessen und freiheitsvergessen eine Demokratisierung nur dann fördert, wenn damit kein Risiko verbunden ist? Und dem als Alternative zum Regimewechsel von außen nur Emanzipation von innen einfällt, obwohl dieser Ansatz in der islamischen Welt seit Jahrzehnten keine größeren Erfolge gezeitigt hat.

Prinzipiell läßt sich wenig einwenden gegen diesen Strategiewechsel: Schluß mit der Unterstützung menschenfeindlicher Regime im Namen der Stabilität, Mut zum Wandel. Denn keine andere Weltregion war in ihrer gesellschaftlichen Entwicklung in den letzten Jahrzehnten so blockiert wie die arabische; nirgendwo sonst haben die politischen und sozialen Spannungen in vergleichbarem Maße Terrorgruppen hervorgebracht, die nicht nur die eigenen Regime, sondern die Welt bedrohen. Nicht so leicht ausräumen lassen sich die praktischen Bedenken. Hat die westliche Welt überhaupt die Hebel und die Kapazitäten, um den Regimewechsel in einer ganzen Region so zu begleiten, daß die Sache gut ausgeht? Vermutlich verfügt der Westen bisher nicht einmal über die nötigen Rezepte, um das in einem einzigen islamischen Land zu schaffen. Das zeigen die Probleme bei der Stabilisierung Afghanistans und des Irak. Schon gar nicht reichen die Ressourcen an Soldaten für die Friedenssicherung, an Finanzmitteln für den Wiederaufbau und Hilfe bei der Einrichtung einer funktionierenden Zivilverwaltung aus, um die Verantwortung für weitere Staaten nach einem Regimewechsel zu übernehmen. Was freilich nicht gegen das Ziel spricht. Nur dagegen, es heute so umfassend anzugehen.

Die Vereinten Nationen also können nicht leisten, was wir ihnen abfordern möchten. Und das Völkerrecht? Auch das paßt sich nur langsam und nachholend den neuen Entwicklungen an, wird sie nicht in einem großen Sprung antizipieren. Die Experten haben noch nicht einmal die Ausdehnung von zwischenstaatlichen auf innerstaatliche Konflikte richtig verarbeiten können, da drängen schon die nächsten ungelösten Probleme. Die neuen asymmetrischen Konfliktstrukturen – nichtstaatliche Terrorgruppen, die Staaten angreifen – sind im tradierten Völkerrecht nicht vorgesehen; auch nicht die »failed states«, die gescheiterten Staaten, auf deren Territorium Terrorgruppen Zuflucht finden. Der Umgang der USA mit den Gefangenen aus dem Krieg gegen den internationalen Terrorismus in Afghanistan und anderswo, die nach Guantánamo gebracht wurden, ist nach allgemeiner europäischer Auffassung rechtswidrig. Es gibt kein Recht, das auf sie anwendbar wäre. Weder sind sie Kriegsgefangene im klassischen Sinn noch Kriminelle in einem nationalen Strafrechtssystem. Aber daß Amerika Mitglieder des Al-Qaida-Netzwerks deshalb einfach wieder auf freien Fuß setzt, kann man das ernsthaft verlangen?

Das Völkerrecht ist nicht so fest kodifiziert wie die nationalen Rechtssysteme. Es muß sich immer wieder dem Wandel anpassen und die Veränderungen in der Welt abbilden. Die Normen aus der Zeit des Kalten Krieges werden den Bedingungen der neuen Weltunordnung nicht gerecht, das versteht sich. Sie müssen weiter entwickelt, sozusagen neu ausgehandelt werden. Nur braucht man dafür Verhandlungspartner. Amerika ist zu mächtig – sogar einem überwältigenden Mehrheitswillen der anderen Demokratien müßte es sich nicht beugen, und niemand könnte das Recht gegen Amerika durchsetzen. Es sind aber auch gar nicht die Konflikte mit den USA, die den Weltfrieden bedrohen. Die Gefahren gehen von anderen Staaten aus. Staaten, in denen man meist keine Verhandlungspartner findet – entweder weil die Herrscher nicht willens sind, verbindliche Absprachen zu treffen und sie dann auch einzuhalten (Milošević, Saddam, Nordkoreas Kim Jong Il). Oder weil in schwachen Staaten der Arm der Regierung nicht weit genug reicht, um das Verhandelte überall durchzusetzen.

Wären das ausreichende Gründe, um solchen Ländern die Souveränität abzusprechen? Sollen künftig, wenn nicht gleich Demokratie, so doch zumindest Rechtsstaatlichkeit und »good governance« Vorbedingung für staatliche Souveränität sein? Und sollen in den UN auch nur solche Staaten mitbestimmen dürfen? Aber welches Gremium legt das fest, ob ein Staat oder eine Regierung den Anforderungen genügt?

Zwölf Jahre, nachdem Bush Vater die Neue Weltordnung ausgerufen hat, ist sie immer noch eine Baustelle. Die Arbeiter sind dabei, die Fundamente zu legen. Aber langsam wird sichtbar, wohin der Bau wachsen soll. Die Vereinten Nationen, in denen demokratische Rechtsstaaten die Mehrheit bilden, sind fern. Die Diktaturen haben jedoch den Artenschutz, den sie unter den Bedingungen der Ost-West-Konfrontation genossen, verloren. Die Einmischung in ihre inneren Angelegenheiten ist zulässig, tabu ist nicht einmal mehr das Ziel des Regimewechsels. Der Sturz menschenverachtender Re-

gime wird nicht so schnell zur Regel, aber jeder Schurke weiß, daß es ihm an
den Kragen gehen kann, wenn er es zu wüst treibt. Selbst ein Einzelfall hat
abschreckende Wirkung, das zeigen die Reaktionen in Syrien und im Iran
nach Saddam Husseins Sturz. Um Amerika keinen Vorwand zu liefern, ent-
zogen Damaskus und Teheran Terrorgruppen die Unterstützung.

Das Völkerrecht hält nicht Schritt mit der Entwicklung der Welt. Aber es
ist nicht obsolet. Es tastet sich selber in die neue Zeit. Und es ist wohl unver-
meidbar, daß die mächtigen Staaten dabei Wege erproben, die die Grenzen
des tradierten Völkerrechts sprengen. Wäre es nicht besser, die Weiterentwicklung produktiv mitzugestalten, anstatt immer nur Stopp zu rufen?

Und was ist mit Amerika, der Weltmacht, die weniger daran denkt, sich
in den Dienst der Vereinten Nationen zu stellen, als die UN ihren Zielen
dienstbar zu machen? Den USA machen derzeit die Folgen des eigenen Handelns mehr zu schaffen als die Versuche ihrer Gegner und Partner, ihren
Handlungsspielraum durch formale Prozeduren und Rechtssetzungen ein-
zudämmen. Militärisch wurde der Irakkrieg rasch und relativ billig gewonnen. Doch die Besatzungskosten sind menschlich wie finanziell so hoch, daß
das ganze Unternehmen nicht nach Wiederholung schreit. Es ist eher unwahrscheinlich, daß Amerika den Bush-Kurs in weiteren Ländern fortsetzt;
jedenfalls nicht ohne Partner und schon gar nicht gegen sie.

Kurz vor Beginn des Irakkriegs schien es manchen so, als sei der Zug zum
Unilateralismus nicht aufzuhalten, als würden die UN und die Nato und die
internationale Diplomatie geschwächt. Das war schon damals ein Irrtum.
Nie zuvor waren die Vereinten Nationen dermaßen Weltbühne und Weltparlament. Die entscheidenden Sitzungen des Sicherheitsrats wurden in alle
Welt übertragen – und von Millionen verfolgt. Die Nachkriegszeit weist in
Richtung Multilateralismus. Selbstgerechte Europäer und sich selbst über-
schätzende Amerikaner müssen sich zusammensetzen, weil sie einander
brauchen. Und sich um die Hilfe islamischer Staaten bemühen, weil sie ohne
die nicht auf Besserung im Irak hoffen dürfen. Auf die Weisheit sich selbst
korrigierender Systeme in der Weltgeschichte ist offenbar mehr Verlaß als
auf die Versuche der Menschheit, eine ideale Weltordnung zu errichten.

ERNST-OTTO CZEMPIEL

# Pax Americana oder Imperium Americanum?

Die Weltpolitik des jüngeren Bush einem der beiden Begriffe zuzuordnen, ist schon deswegen nicht einfach, weil sie im Sprachgebrauch synonym verwendet werden. Nicht zu Unrecht. Das römische und das britische Weltreich beruhten auf Eroberung, erzeugten darin aber eine gewisse Pazifizierung. Erst dem europäischen Imperialismus des ausgehenden 19. Jahrhunderts fehlte jedes Befriedungselement. Er war die sozioökonomisch determinierte Entelechie des Finanzkapitalismus. Reste der ihm gewidmeten ausführlichen entweder liberal, marxistisch oder sozialdemokratisch bestimmten Diskussion geistern noch immer durch die Globalisierungsdebatte unserer Tage.

Erst neuerdings, in der Beschäftigung mit der amerikanischen Weltpolitik besonders nach 9/11, kommt der Dual wieder in Gebrauch, wird der klare Begriff des Imperialismus mit der allegorischen Figur des Friedens verziert. Wer nicht gern vom amerikanischen Imperialismus sprechen will, zitiert eben die Pax Americana. Sie erinnert an das Bild vom »gütigen Hegemon«, das in der jüngeren Vergangenheit so beliebt geworden ist, läßt aber auch den Soupçon anklingen, der diesem Begriff der Pax historisch immanent war.

## Die Mittel entscheiden

Daß mit Pax und Imperium eine Alternative gemeint ist, tritt dann deutlich zutage, wenn man dem Imperialismus seinen sachlichen Gegenbegriff entgegenhält, nämlich den der Hegemonie. Er beschwört kein hehres Ziel, sondern stellt auf die eingesetzten Mittel ab. Und darin unterscheiden sich Hegemonie und Imperialismus glasklar. Der eine exportiert in die internationale Umwelt seinen innenpolitisch aus dem Herrschaftssystem fließenden Anspruch auf Gehorsam für seine Befehle, den er notfalls mit Gewalt erzwingt. Er erweitert seine innerstaatliche Gewaltkompetenz auf Teile seiner internationalen Umwelt und pervertiert diese Kompetenz damit gleichzeitig. Denn im Imperium fehlt der Gewaltanwendung, worauf sie im eigenen Staat – wenn auch in unterschiedlichem Ausmaß – zählen kann: die die Legitimität erzeugende Zustimmung der Beherrschten. Das imperiale System beruht auf der Ausübung einer Gewalt, die sich nur auf ihre militärische Überlegenheit berufen kann.

Die Hegemonie dringt ebenfalls in ihre internationale Umwelt vor, um ihre Interessen dort zu verwirklichen. Sie verzichtet dabei aber auf die Gewalt, beläßt es bei der Macht, also bei der Fähigkeit (wiederum nach Max Weber), den eigenen Willen gegen Widerstand durchzusetzen. Sie will nicht die Unterwerfung ihrer Umwelt, sondern deren Zustimmung. Die Hegemonie führt durch Vorbild, Konsensbildung und Interessenausgleich. Dazu setzt sie nur Macht ein, und auch die nur »gebändigt«. Das kann man alles in Heinrich Triepels 1938 erschienenem Standardwerk *Die Hegemonie* nachlesen.

Hegemonie und Imperialismus sind in der Geschichte oftmals ineinander übergegangen, und zwar in beiden Richtungen. Den Rubikon bildete immer die Gewalt. Die Differentia specifica lag nicht in den Zielen – die Betroffenen beglücken wollen beide. Was sie voneinander unterscheidet, sind die Mittel. Wo Gehorsam gefordert und erzwungen wird, herrscht Imperialismus. Das Kennzeichen der Hegemonie sind die Kooperationsofferten und der mit Macht erzeugte Konsens. Idealtypisch standen sich die beiden Modelle im Kalten Krieg gegenüber. Die Sowjetunion, jedenfalls von Stalin bis Breschnew, verfuhr imperial. Die USA, mit leichten Abschattungen unter Ronald Reagan, praktizierten bis zum Ende der Regierung Clinton die Hegemonie. Dieses höchst moderne Modell der Führung setzte nicht auf Zwang, sondern auf Konsens. Im Tausch gegen ihre Gefolgschaft wurde den Mitgliedern Schutz geboten und im Wege der Konsultation auch eine gewisse Teilhabe an den Entscheidungen der USA. Es waren diese Bedingungen, die den Wohlstand, die Freiheit und die Demokratie in Westeuropa so gefördert hatten. Weil Kommunismus und Imperialismus diese Leistung nicht erbringen konnten, ist die kommunistische Sowjetunion gescheitert. Sie hatte die gleichen Ziele wie der Westen proklamiert, ihre Verwirklichung aber durch den eingesetzten Zwang desavouiert und destruiert.

## Die Rede von der präventiven Gewalt

Ob die Regierung von Präsident George W. Bush die traditionelle hegemoniale Weltpolitik der USA fortsetzt oder in eine imperiale Politik übergehen läßt, entscheidet sich also an den von ihr eingesetzten Mitteln. Die Deklaratorik spricht für letzteres, jedenfalls nach dem 11. September 2001. Bush entwarf schon eine Woche später ein manichäisches Bild der Welt, in der die Guten von den Bösen verfolgt wurden und alle Menschen entweder »auf unserer Seite oder auf der der Terroristen« standen. Der Terrorismus rückte auf den Platz der globalen Gefährdung, den die Sowjetunion zehn Jahre zuvor geräumt hatte. Er rechtfertigte für die Bush-Regierung nicht nur den gleichen Rüstungsaufwand, sondern die Gewaltanwendung als wichtigste Strategie. Im Januar 2001 fügte Bush den Irak, Iran und Nordkorea, die überhaupt nichts miteinander verband, zu einer »Achse des Bösen« zusammen. Sie bewegte sich in einem Umfeld von mindestens sieben weiteren Schurkenstaaten, die ihrerseits von rund sechzig Staaten umgeben waren, die den Terrorismus beherbergten. Ihnen allen wurde Gewalt angedroht, um auf diese Weise den Terrorismus zu stoppen, zu vernichten, auszumerzen.

Diese Bewertung ließ sich noch als Überreaktion auf den gräßlichen Überfall des politischen Terrorismus aus dem Dunkel der Unsichtbarkeit verstehen. Die wenig später vorgenommene Erweiterung dieser Kampfansage auf alle Staaten, die nach Massenvernichtungswaffen strebten oder dessen verdächtig waren, offenbarte sehr viel weiter gehenden Absichten. Das Attentat des 11. September war nicht mit Massenvernichtungswaffen, sondern mit primitiven Werkzeugen begangen worden, nicht von einem Staat, sondern von einer gesellschaftlichen Akteursgruppe. Dieser Massenmord präsentierte die größte aller neuen Gefahren: die Globalisierung des politischen Terrorismus. Statt dieses Novum analytisch aufzuarbeiten, um ihm strategisch entsprechend begegnen zu können, instrumentalisierte Bush das Ereignis zugunsten der geopolitischen Ziele seiner Koalition. Unter ihnen hatten von Anfang an der gewaltsame Sturz des Regimes Saddam Husseins im Irak und die Neuordnung des Mittleren Ostens an erster Stelle gestanden. Mit Hilfe der dem Präsidenten eigenen Definitionsmacht deutete Bush die Attacke des politischen Terrorismus um in den globalen Angriff eines imaginierten Superfeindes, der überall und jederzeit den Großeinsatz des amerikanischen Militärs erforderte. Bush scheute nicht davor zurück, die Auseinandersetzung mit diesem politischen Terrorismus in die gleiche historische Kategorie einzuordnen, die die Abwehr des Faschismus und die der kommunistischen Herausforderung besetzt hatten.

In der Politik, hat George F. Kennan geschrieben, kommt es nicht darauf an, was einem begegnet, sondern was man daraus macht. Die Regierung Bush hat aus dem politischen Terrorangriff des 11. September eine Bedrohung destilliert, deren Beantwortung exakt diejenigen Maßnahmen erforderte, die zum außenpolitischen Programm seiner Koalition von Anfang an gehört hatten. Ihr Projekt eines »neuen amerikanischen Jahrhunderts« hatte in den ersten sieben Monaten der Amtszeit Bush innen wie außen nur wenig Zustimmung erzeugt. Bush gelang es, die von der Traumatisierung erzeugte verständliche Konsensbereitschaft der amerikanischen Gesellschaft hinter die Ziele seiner Koalition zu bringen. Nach dem 11. September konnte Washington ungehindert darangehen, die Welt nach dem Willen der Bush-Koalition zu ordnen, und zwar mit Gewalt.

Obwohl der Massenmord des 11. September keinerlei Bezug zu Massenvernichtungswaffen aufwies, nahm ihn Bush zum Anlaß, um jedem Staat, der solche Waffen besaß oder besitzen wollte, die militärische Vernichtung anzudrohen. Der bloße Verdacht sollte genügen, einen Präventivkrieg zu rechtfertigen, in ganz eiligen Fällen die Präemption. In zwei offiziellen Verlautbarungen, der *National Security Strategy* vom September 2002 und der *National Strategy to Combat Weapons of Mass Destruction* vom Dezember 2002, erhob die Bush-Doktrin dieses Recht zum »Angriff auf Verdacht« zur offiziellen Strategie der USA: Welcher Staat auch immer sich den Absichten und Anordnungen der Bush-Administration widersetzt, kann jederzeit mit dem Hinweis auf eine mögliche Bedrohung von den USA angegriffen werden, auch mit Massenvernichtungswaffen. Als Ziel gilt nach wie vor die Nichtweiterverbreitung von Massenvernichtungswaffen. Aber die Strategie hat sich geändert und so aus dem Ziel ein Mittel der Beherrschung werden lassen. An die Stelle der bisherigen Zusammenarbeit bei der Rüstungskontrolle setzt die Bush-Administration die gewaltsame Erzwingung, die »counterproliferation«.

Dieser Fähigkeit zum weltweiten Diktat dient das massive Aufrüstungs-
programm für die US-Streitmacht. Washington wird es erklärtermaßen keinem Staat auf der Welt erlauben, »die Macht der Vereinigten Staaten zu
überholen oder auch nur einzuholen«. Was ist das anderes als die Proklama-
tion des Anspruchs auf Weltherrschaft? Dieses Programm kann nicht mehr
hegemonial, es muß imperial genannt werden. Die projektierten Abwehr-
maßnahmen, die zwar funktional wie geographisch selektiv, tendenziell aber
durchaus weltweit sind, stehen in keinem Verhältnis zur Gefährdung. Indem
die Bush-Regierung die neue Gefahr des politischen Terrorismus nicht be-
drohungsspezifisch, sondern mit einem globalen, auf das Verhalten der Staaten gerichteten Herrschaftsanspruch beantwortet, vermischt sie zwei Bedro-
hungsszenarien, die miteinander nichts zu tun haben. Die Gefährdung der
Vereinigten Staaten durch den Terrorismus neuer Art ist real, die von der
amerikanischen Regierung ständig beschworene Gefährdung durch andere
Staaten irreal. Die Konkurrenz der Supermächte hat sich erledigt, die der regionalen Vormächte im Hinblick auf die Vereinigten Staaten in Kooperation
verwandelt. Die den USA kritisch gegenüberstehenden – von ihnen als
»Schurkenstaaten« diskreditierten – Länder sind deswegen nicht zu ihrem
militärischen Gegner geworden.

Beim Irak ist in einer für Washington und London blamablen Weise anschaulich geworden, daß Angriffskriege gegen Staaten die Bedrohung durch
die international agierenden gesellschaftlichen Akteure nicht nur verfehlen,
sondern steigern. Sie lassen sich durch sie in keiner Weise rechtfertigen, so
daß die Frage, die schon der Krieg gegen Afghanistan aufgeworfen hatte, im
Falle des Irak unüberhörbar gestellt wird: die nach den eigentlichen Motiven
Washingtons. Am rapiden Ansehensverlust der USA in der öffentlichen
Weltmeinung kann man ablesen, wie sehr der Irakkrieg als bloße Instrumen-
talisierung des politischen Terrorismus zugunsten geopolitischer Zwecke
gilt. Hinzu kommt, daß die Diskrepanz zwischen der Art der Bedrohung
und der amerikanischen Reaktion eine der beiden großen Kriegsursachen in
die heutige Welt zurückbringt: das in der anarchischen Struktur des internationalen Systems angelegte Sicherheitsdilemma.

Niemand kennt dessen Mechanismen besser als die USA, ihr Militär sowohl wie ihre Politikwissenschaft. Die in den Vereinigten Staaten verbreitete
Realistische Schule der internationalen Beziehungen hat immer wieder darauf hingewiesen, daß in der von der Anarchie des internationalen Systems
hervorgerufenen Ungewißheit über das Verhalten der anderen die größte Ge-
waltursache steckt. Dieser fatale Aktions-Reaktions-Mechanismus kann ver-
hindert werden, wenn die Verteidigungsvorsorge demonstrativ defensiv gehalten wird.[1] Das ist bei der Komplexität moderner Waffensysteme sowieso
nicht einfach, schließt aber allemal jede demonstrativ offensive Rüstung und
Strategie aus. Der in der Deklaratorik erhobene, mit der Bereitschaft zum
Gewalteinsatz ausgestattete Anspruch auf Gehorsam der von ihr adressierten

---

[1] Immer noch unentbehrlich zu diesem Problemkreis: Robert Jervis, *Perception and Mispercep-
tion in International Politics*. Princeton: Princeton University Press 1976.

Staaten muß in der Welt Ungewißheit über die eigentlichen Pläne der Bush-Administration hervorrufen. Das für seine Rüstungsdiagnostik in der Welt bekannte Stockholmer Forschungsinstitut SIPRI hat denn auch in seinem jüngsten Jahresbericht schon eine Welle der Aufrüstung ausgemacht.

## Auftakt vor dem 11. September

Nun ist Papier geduldig und politische Programmatik immer wohlfeil. Sie dient mancherlei Zwecken und darf nicht ohne weiteres als politisches Programm gelesen werden. Bei Bush muß sie es aber. Seine Weltpolitik folgt seinen Proklamationen, übertrifft sie sogar. Der Krieg in Afghanistan präemptierte die Al Qaida unterstellte Bedrohung und öffnete gleichzeitig den Staat Afghanistan für die amerikanische Besetzung. Der Angriff auf den Irak könnte als Präventivkrieg gelesen werden. Aber die von Bagdad angeblich ausgehende Bedrohung gab nur einen der vier von der Bush-Regierung genannten Gründe für den Angriff ab, und der stellvertretende Verteidigungsminister Paul Wolfowitz war zynisch genug, die verschiedenen von Washington angebotenen Kriegsgründe für durchweg irrelevant zu erklären. Der Krieg gegen den Irak stand im Programm der Koalition und wurde geführt, sowie sich die erste Gelegenheit dazu ergab. Seine Ursache liegt in der dezidierten Absicht der Bush-Koalition, die geopolitische Landkarte des Mittleren Ostens ein für alle Male so zu ordnen, daß die Vereinigten Staaten die strategische Funktion der Region sowie deren Energiereserven kontrollieren und der Likudblock auf seine Weise das Palästinenserproblem risikofrei bearbeiten kann.

Dieses außenpolitische Programm reagierte also nicht auf den 11. September, sondern instrumentalisierte ihn. Es war sofort nach dem Amtsantritt von Präsident Bush mit der demonstrativen Abkehr von der bisherigen amerikanischen Weltpolitik angelaufen. Bush zog die USA aus der internationalen Kooperation ebenso zurück wie aus der Arbeit an der Lösung der großen Regionalkonflikte. Mit dem Kyoto-Protokoll stieg Bush aus der Zusammenarbeit beim Umweltschutz aus. Als er im Mai 2001 das Protokoll zur Biowaffenkonvention ablehnte, signalisierte er das Ende der Rüstungskontrolle. Im Juni 2001 in Göteborg präsentierte er den staunenden Verbündeten sein Raketenabwehrprogramm als das zweite Kernstück einer auf die »counterproliferation«, also auf die Gewalt setzenden Rüstungskontrollpolitik. Er machte von Anfang an klar, daß er den ABM-Vertrag kündigen und damit den Weg in die Weltraumrüstung antreten wollte. Bush setzte die START-Verträge von der rüstungskontrollpolitischen Tagesordnung ab zugunsten unverbindlicher Arrangements mit Rußland à la SORT vom 13. November 2001.

Dieses von der Bush-Koalition verfolgte »Project for a New American Century« ließ sich in dem herrschenden Klima hegemonialer Weltführung freilich nicht ohne Übergang realisieren. Er war mit dem von Präsident Clinton ohne UN-Mandat geführten Serbienkrieg schon vorbereitet worden, auch durch den Raketenbeschuß Afghanistans nach den Terrorangriffen auf zwei amerikanische Botschaften in Afrika. Aber bei Clinton hatte die Gewaltanwendung eher den Charakter eines Betriebsunfalls gehabt. Mit der rechten Hand kümmerte er sich um die Beruhigung der großen Konfliktherde. Er veranlaßte Nordkorea zum Verzicht auf Kernwaffen- und Raketenproduktion; er brachte die längst überfällige Lösung des Nahostkonflikts soweit voran, daß sie um Haaresbreite hätte gelingen können. Im Spätsommer 2000 wurde der Weltzustand als »prekäre Koexistenz von echtem Frieden und kleinen Kriegen« bewertet.[2]

Die Bush-Regierung trieb den Politikwandel energisch voran. Sie hörte auf, an der Lösung der großen regionalen Konflikte zu arbeiten, versuchte statt dessen, sie in ihrem Sinn zu steuern. Als der südkoreanische Präsident Kim Dae-jung im März 2001 Präsident Bush besuchte, wurde er wegen seiner »Sonnenscheinpolitik« gegenüber dem nördlichen Teil nicht gelobt, sondern getadelt. Auch das Verhältnis zwischen Taiwan und der Volksrepublik China spitzte Bush im Frühjahr 2001 wieder zu. Er nötigte Taipeh im April eine riesige Waffenlieferung auf, zu der mit acht Unterseebooten erstmals auch Angriffswaffen gehörten. Die brüskierende Handhabung des Zusammenstoßes eines amerikanischen mit einem chinesischen Flugzeug über der Chinesischen See erinnerte in vielem an das Verhalten Präsident Eisenhowers gegenüber Moskau beim U-2-Zwischenfall 1960.

Den größten Klimawandel aber erzeugte die Bush-Administration, indem sie sich aus der Bearbeitung des Nahostkonflikts zurückzog. Durch das Scheitern von Camp David angefacht und durch den provokativen Besuch Scharons auf dem Tempelberg im November 2001 angeheizt, wurde der auf diese Weise eskalierte Konflikt den Radikalen auf beiden Seiten überlassen. Palästinensische Intifada und israelische Invasion schaukelten sich gegenseitig hoch. Teils wegen des Zutuns der Bush-Regierung, teils weil sie nichts dagegen unternahm, sah schon im Spätsommer 2001 die Welt sehr viel schlechter aus als ein Jahr zuvor.

### Territorialkrieg gegen Terrorismus

Nach dem Überfall des 11. September ergänzte Präsident Bush den Verzicht auf die Konsenserzeugung mit der Privilegierung der militärischen Gewalt als Mittel zur Terrorismusbekämpfung und der Weltführung. Er exekutierte, was er deklariert hatte. Die erste weltpolitische Antwort Washingtons auf den 11. September war der Krieg gegen Afghanistan, die zweite der Krieg gegen den Irak. Die Vernachlässigung der Konsenserzeugung schlug jetzt um in die Erteilung Gehorsam verlangender Befehle. Bei Strafe des Krieges wurde die Talibanregierung aufgefordert, Osama Bin Laden und seine Führungsgruppe an die USA auszuliefern. Die von Kabul gestellte Frage nach den Beweisen für Bin Ladens Schuld an einem Attentat, an dem vorzugsweise Saudis beteiligt gewesen waren, wischte Bush vom Tisch. Am 8. Oktober 2001 begann der Krieg. Nun gab es sicher gute Gründe für die Vermutung

---

[2]   Helmut Hubel, *Internationale Krisenherde und Konfliktstrukturen*. In: *Internationale Politik*, Nr. 7, Juli 2000.

eines Zusammenhangs zwischen dem Attentat vom 11. September und den Aktivitäten Bin Ladens. Beweise aber gab es nicht. Einen Beschluß des UN-Sicherheitsrates gab es auch nicht. Die Erwähnung des Rechts auf Selbstverteidigung in der Resolution 1373 war keine Ermächtigung, sondern eine Selbstverständlichkeit, und sie stand auch nur in der Präambel.

Der Angriff auf den Irak am 20. März 2003 wurde ebenfalls mit einer Befehlsverweigerung begründet. Präsident Bush hatte am 17. März Saddam Hussein und seine Söhne aufgefordert, den Irak innerhalb von 48 Stunden zu verlassen. So verständlich der Wunsch nach einem Regimewechsel in Bagdad war – nicht er stand auf der Agenda des Sicherheitsrates, sondern der irakische Verzicht auf Massenvernichtungswaffen. Den Streit über die Datenlage entschied Bush mit seinem imperialen Fiat vom 19. März. Damit stellte er sich nicht nur der Mehrheit der Sicherheitsratsmitglieder und der sich artikulierenden Weltmeinung entgegen, sondern der UN-Charta und dem Völkerrecht. Die »Beweise« Washingtons waren schon bei ihrer Vorlage von den UN-Inspekteuren und vielen Nachrichtendiensten als nicht stichhaltig angesehen worden. Die Faktenlage im Irak, die nach dem Ende des Krieges dort besichtigt werden konnte, bestätigt diese Einschätzung. Die USA hatten den Krieg nicht nur ohne Recht, sondern auch ohne Grund geführt. Das war, im besten Sinn, eine »imperiale« Entscheidung. »Hoc volo, sic iubeo: sit pro ratione voluntas« heißt es in den Satiren des Juvenal.

In Afghanistan und im Irak wurde die Strategie, die deklariert worden war, auch praktiziert. Also muß man damit rechnen, daß der »Krieg auf Verdacht« weiter zunehmen, der Verweis auf den Terrorismus auch künftig dazu dienen wird, die Ziele des »Project for a New American Century« zu realisieren. Sie sind weit gesteckt. Das außenpolitische Hauptziel, der Aufbau eines nationalen Raketenabwehrprogramms, soll die USA den Zurückhaltungszwängen der wechselseitigen Abschreckung entziehen. Die Fähigkeit, einen Zweitschlag des Gegners mit der Raketenverteidigung abzufangen, signalisiert eindeutig den Übergang zu einer militärisch offensiven Weltpolitik. Der Sturz Saddam Husseins, das zweite außenpolitische Hauptziel dieser Koalition, soll mit der Befreiung von einem Diktator den Auftakt zu einer geopolitischen Neuordnung des Mittleren Ostens darstellen, die sowohl den Sicherheitsinteressen Israels wie der Verbesserung der strategischen Ausgangsposition der USA für die erwartete Auseinandersetzung mit China dient.[3]

In diesen Zielkreis gehört auch ein ähnlicher Regimewechsel im Iran und wahrscheinlich in Syrien. Nimmt man die Stützpunkte in Zentralasien hinzu, würde sich dann das geopolitische Glacis der USA weit nach Osten ausdehnen und den strategisch wie energiepolitisch besonders wichtigen Raum des Persischen Golfs mit einschließen. Schon Präsident Carter hatte in seiner Doktrin von 1980 die Region als vital für die amerikanische Sicherheit bezeichnet.

---

[3] Vgl. Tom Barry, *A Strategy Foretold*. In: *Foreign Policy in Focus*, Oktober 2002.

Über dieses zentrale Objekt der selektiven Weltherrschaft hinaus erstreckt sich ein deutliches amerikanisches Interesse an der Globalisierung der militärischen Präsenz. Es ist nicht auszuschließen, daß die USA einen präemptiven oder präventiven Krieg gegen Nordkorea führen werden, immerhin haben sie ihre Truppen von der Demarkationslinie in Korea weit nach Süden zurückgezogen. Im Zeichen der Terrorismusbekämpfung kehrt amerikanisches Militär nach Südostasien zurück, von wo es nach dem Ende des Vietnamkriegs ausgezogen war. Neuerdings sind mehrere Kooperationsabkommen mit afrikanischen Staaten geschlossen worden, die der Errichtung einer »Familie von amerikanischen Basen« auf dem Kontinent dienen.

Der ohnehin schon riesige Rüstungsetat der USA wird von der Bush-Administration kontinuierlich weiter gesteigert. Mit dem für 2004 geplanten Volumen von rund 370 Milliarden Dollar ist er größer als die Verteidigungsbudgets der nächstfolgenden neun militärischen Großmächte. Daß die ganze Welt inzwischen in amerikanische Militärbezirke aufgeteilt worden ist, hat also nicht nur symbolischen Charakter. Das »neue amerikanische Jahrhundert«, dem sich die Bush-Koalition verschrieben hat, wird sich, so scheint es, maßgeblich auf Bajonette stützen.

### Degradierung von Bündnis und Demokratie

Der Politikstil des Imperialismus, Gehorsam für Anordnungen zu suchen und durchzusetzen, macht auch vor der Atlantischen Gemeinschaft nicht halt. Gegenüber seinen wichtigsten und treuesten Verbündeten, Frankreich und Deutschland, verstieg sich der amerikanische Präsident anläßlich des Irakkriegs zu geradewegs byzantinischem Gehabe. Frankreich bekam den ganzen »Zorn« Washingtons zu spüren. Die Beziehungen zu ihm wurden »herabgestuft«, die berühmte Luftfahrtschau in Paris boykottiert, »Rache und Vergeltung« angekündigt. Berlin wurde mit Nichtachtung bestraft.

Das *Wall Street Journal* instradierte Ergebenheitsadressen von acht europäischen Nato-Mitgliedern an die USA, ein amerikanischer Lobbyist ein ähnliches Schreiben von zehn osteuropäischen EU- und Nato-Kandidaten. Donald Rumsfelds Versuch, das »neue« Europa gegen das »alte« auf- und von ihm abzubringen, gelang zwar, wie sich 2003 in Thessaloniki zeigte, nicht so ganz, offenbarte aber ein weiteres Ingrediens imperialer Herrschaftstechnik: Spaltung der Untergebenen zu ihrer besseren Beherrschung.

Die Vereinigten Staaten hatten immer schon neben der multilateralen Zusammenarbeit die bilaterale mit den einzelnen Partnern besonders gepflegt. Auch als Hegemon mußten sie darauf bedacht sein, zu allen Einzelmitgliedern ihres Führungsbereiches bessere Beziehungen zu unterhalten als diese untereinander. Das perfekte Instrument dazu in Europa war die Nato. Sie hatte während des Kalten Krieges die Militärapparate ihrer Mitglieder wenigstens teilweise, in der Bundesrepublik total, in die amerikanische Führung eingegliedert. Die USA dominierten damit nicht nur multilateral die Allianz, sie beeinflußten bilateral die Sicherheitspolitik der einzelnen Mitglieder. Sie wurden zu »penetrated systems« (James N. Rosenau), gekenn-

zeichnet durch die akzeptierte Mitwirkung einer fremden Macht in den au-
ßen- und sicherheitspolitischen Entscheidungen.

Die von Bush unternommene Wende der Hegemonialpolitik in den Imperialismus muß notwendigerweise auch Folgen in der amerikanischen Innenpolitik, in der Kompetenzaufteilung zwischen Gesellschaft und politischem
System einerseits, der Umverteilung der öffentlichen Revenuen andererseits
zeitigen. Je gewalthaltiger die Außenpolitik, desto asymmetrischer die Verteilung von Nutzen und Mitsprache im Innern. Das ist der Kerngedanke des
Theorems vom demokratischen Frieden, und er ist schlicht schlüssig. Daß
seine Wirkung empirisch nur im Fall der Beziehungen zwischen Demokratien nachweisbar ist und im Verhältnis zwischen einer Demokratie und einer
Nicht-Demokratie nur selten auftritt, ist nicht auf eine mangelnde theoreti-
sche Evidenz, sondern darauf zurückzuführen, daß die demokratische Quali-
tät der Demokratien im Lauf der Zeit deutlich variiert.

Eine im Sinne von Immanuel Kant voll ausgebildete, die Mitbestimmung
seiner Bürger umsetzende Demokratie gibt es auch im Westen noch nicht. Es
wurden erst Annäherungswerte erreicht, und auch sie schwanken mit dem
Mix der außen- und sicherheitspolitischen Mittel. Das läßt sich bei allen
Staaten, auch bei der Bundesrepublik, nachweisen, deren Weg von der im
Kalten Krieg angestrebten Zivilgesellschaft hin zur »Normalisierung« ge-
pflastert ist mit der Zunahme des außenpolitischen Gewalteinsatzes und des
entsprechenden Rückgangs der sozialpolitischen Leistungen und der Indivi-
dualrechte.

Seit 1945 hatte in den europäischen Staaten die Außenpolitik ihren traditionellen Primat zugunsten der Innenpolitik eingebüßt, wie es in den Vereinigten Staaten bis 1949 der Fall gewesen war. Dieses Mischungsverhältnis
von Butter und Kanonen, als das die Gesellschaften schon immer diese Pro-
blematik erfahren und benannt hatten, begann sich im Zeichen der Macht-
rivalität mit der Sowjetunion zu ändern. Erst Präsident Carter versuchte
1976 wieder eine Rückverteilung, nach ihm gewann Bill Clinton mit diesem
Programm sogar seine Wahl.

Unter dem jüngeren Bush aber werden, wie schon unter Reagan, die Kanonen wieder privilegiert. Die Aufrüstung der Gewaltmittel geht einher mit
dem Abbau der sozialpolitischen Leistungen. Der Weiterentwicklung der
Hegemonie zum Imperialismus entspricht im Innern eine Verminderung
der demokratischen Rechte und Freiheiten. Der Rechtsstaat nimmt Schaden,
wenn und wo immer die »nationale Sicherheit« beschworen wird.[4] Die große
Steuerreform alimentiert die politischen und ökonomischen Eliten zu Lasten
des Mittelstands und der ärmeren Schichten. Sie dient in erster Linie der den
Machterhalt fördernden Klientelversorgung. Die ganz Reichen der amerikanischen Gesellschaft bekommen durchschnittlich sechs bis sieben Prozent
mehr, das mittlere Fünftel etwas mehr als zwei und das untere Fünftel weni-

---

[4]  Die Entwicklung dieses Prozesses unter George W. Bush beschreibt Josef Braml, *USA:
Zwischen Rechtsschutz und Staatsschutz. Einschränkung persönlicher Freiheitsrechte.* SWP-Studie
S 5, Berlin, Februar 2003.

ger als ein Prozent. Diese Regierung, schrieb damals die *Washington Post*, beeilt sich wirklich, den Wohlhabenden zu Hilfe zu kommen.

Die Macht des Präsidenten wurde gestärkt, die der Legislative geschwächt. Die Meinungsfreiheit der Medien hat gelitten, der Propagandaausstoß der Regierung erheblich zugenommen. 1946 noch hatte sich der Kongreß geweigert, im Kampf gegen die Sowjetunion die Meinungs- und Pressefreiheit in den Vereinigten Staaten zugunsten einer zielgerichteten Propaganda zu opfern. Unter dem jüngeren Bush wurde im Außenministerium ein Office of Public Diplomacy eingerichtet und im Büro des Verteidigungsministers eine spezielle Abteilung zur zweckmäßigen Aufbereitung nachrichtendienstlicher Erkenntnisse. Schon Präsident Reagan hatte, weil ihm die richtige, aber eben zu beruhigende Einschätzung der sowjetischen Bedrohung durch die amerikanischen Nachrichtendienste nicht paßte, das »Team B« eingerichtet, das willkommenere Analysen lieferte. Zunehmende Propagandaproduktion indiziert stets abnehmende Regierungsleistungen. Unter George W. Bush aber ist die Informationsarbeit der zahlreichen Nachrichtendienste auf dem Weg in die politischen Zentralen derart manipuliert worden, daß der Präsident selbst mit den berühmten »16 Worten« über die Fähigkeit des Irak zum sofortigen Einsatz von Massenvernichtungswaffen seinem Propagandaapparat zum Opfer fiel. Wenn das Interesse an der Bildung von Meinung in einem derartigen Maße das an sachgerechter Information übersteigt, sind die Informationsfilter der Regierung generell defekt. Das ist sehr gefährlich. Wenn die Bush-Regierung wirklich glaubt, mit dem von ihr totalisierten Begriff des Terrorismus dessen Phänomen adäquat erfassen zu können, wird sie die Gefährdung nicht verringern, sondern steigern.

Kann die Einkommens- und Bürgerrechtspolitik des jüngeren Bush als verstärkte Ausprägung rechtsrepublikanischer Politik interpretiert werden, so stellt der Umschlag von Hegemonie zur Herrschaft doch einen qualitativen Bruch mit der bisherigen Tradition amerikanischer Weltpolitik und ihrem Selbstverständnis in den USA dar. Zwar hatte es auch hier neuerlich Vorläufer gegeben: die Invasion in Panama unter dem älteren Bush und die in Grenada unter Reagan. Sie wurden eher als temporärer Regelbruch empfunden, der nur toleriert wurde, wenn er nicht lang dauerte und keine großen amerikanischen Opfer forderte.

Die Regierung George W. Bush aber war von Anfang an bereit und sah sich nach dem 11. September auch dazu in der Lage, die Nachwirkungen des Vietnamtraumas zu überwinden und die Norm des Gewaltverzichts nicht nur temporär zu vernachlässigen, sondern prinzipiell außer Kraft zu setzen. Nur widerwillig hatte sich die Bush-Regierung von ihrem gemäßigten Flügel unter Außenminister Colin Powell dazu überreden lassen, für den Eingriff im Irak eine UN-Resolution nachzusuchen. Als sich die Niederlage im Sicherheitsrat abzeichnete, konnte sich der radikalere Flügel der Koalition mit der von ihm bevorzugten unilateralen und lange vorbereiteten Militärintervention durchsetzen. Das Gewaltmonopol des Sicherheitsrats wurde erstmals demonstrativ mißachtet, das von der Charta 1945 errichtete Regime der Weltordnung ostentativ negiert. Die amerikanische Administration setzte sich in die Rolle des Weltordners ein, die bisher der multilateralen Zusammenarbeit im Sicherheitsrat vorbehalten gewesen war. Sie brach nicht nur das Gewaltverbot, sie brach die Norm. Das war eine Premiere.

## Wie lange noch?

In den drei Jahren imperialer Politik der Bush-Administration hat sich die Welt von dem im Jahr 2000 noch notierten Zustand der »prekären Koexistenz von echtem Frieden und kleinem Krieg« weit entfernt. Die beiden großen militärischen Interventionen haben Afghanistan und den Irak in anhaltendes Chaos gestürzt. Der Nahostkonflikt, dessen Beruhigung der Sturz Saddam Husseins dienen sollte, versinkt in Kaskaden wechselseitiger Gewalt. Nordkoreas Atomwaffenprogramm, ein wirklich bedrohliches Vorhaben, hat sich ungehindert verhärtet.

Freilich: Der Megaterrorismus des 11. September ist nicht wieder aufgetreten. Er kann aber kaum als gebannt bezeichnet werden, zumal seine größte Quelle, der arabische Widerstand gegen westliche Dominanz, durch den Krieg gegen den Irak erneuten Zufluß bekommen hat. Die traditionellen Sprengstoffattentate häufen sich. Der Irak, bis zum Krieg weder Ursprung noch Stätte terroristischer Anschläge, ist zu deren neuem Schwerpunkt geworden. Kurz: Was abzusehen war, ist eingetreten.

Ordnungspolitisch hat sich ergeben, daß die Bush-Administration die Autorität und die Kompetenz der Vereinten Nationen zwar demolieren, aber nicht aufheben, geschweige denn ersetzen konnte. Die fehlende Legitimation durch den Sicherheitsrat entblößte vor aller Welt die geo- und energiepolitischen Partikularinteressen der Bush-Koalition als die eigentlichen Triebkräfte hinter den Invasionen. Washington gilt seitdem weltweit und vor allem in den arabischen Staaten als größter Problemfall.

Der Irakkrieg zeigte, daß die größte Militärmacht aller Zeiten sich als stärker empfindet, als sie realiter ist. Es fehlt ihr nicht an Soldaten und glänzender Waffentechnologie, wohl aber an Geld und politischer Eignung. Sie konnte die Staaten Afghanistan und Irak besiegen, aber ihre Gesellschaften nicht befrieden. Allein ihre Militärpräsenz im Irak kostet die USA bis 2004 160 Milliarden Dollar, die im Unterschied zum zweiten Golfkrieg diesmal der amerikanische Steuerzahler selbst aufbringen muß. Das wird er tun, aber nur zähneknirschend und in deutlicher Erinnerung an den Vietnamkrieg. Kann sich Präsident Bush den nächsten, für die Pläne seiner Koalition noch wichtigeren Krieg gegen den Iran leisten, wenn es ihm nicht einmal gelingt, Afghanistan und den Irak zu stabilisieren?

Die Lage in Bagdad signalisiert im Herbst 2003 aller Welt erneut, daß die Militärintervention von außen zum Regimewechsel strategisch untauglich ist. Diese Lehre hatten schon der Vietnamkrieg erteilt, die russische Intervention in Afghanistan und die amerikanische in Somalia. Wie lange wird es dauern, bis Washington diese Art imperialer Politik wieder aufgibt; wie lange, bis die amerikanische Gesellschaft, wie weiland 1968, diese Politik beendet? Die massenhaften Demonstrationen in Europa und in aller Welt gegen den jüngsten Irakkrieg haben gezeigt, daß die Gesellschaften sehr viel besser wissen als manche ihrer Regierungen, daß Waffen keinen Frieden schaffen. Wie lange müssen wir warten, bis die Politik die Lehre aus den vielen Lehren zieht, von denen die im Irak die jüngste ist?

Hat das Image der Supermacht USA Schaden genommen, so auch die keineswegs nur im imperialen Washington anzutreffende Privilegierung militärischer Gewalt. Sie kann zerstören und verhindern, politisch gestalten kann sie nicht. Aus den Kanonenrohren kommt nur Gewalt, also eine spezifische, sehr selektiv wirkende Unterform der Macht. Diese selbst steckt viel mehr in der Intelligenz, die auf die Strategie politischer Intervention verwendet wird, und in deren konzeptueller und finanzieller Ausstattung. Macht in der Gesellschaftswelt gewinnt, wer seiner Politik die Akzeptanz durch die Gesellschaften zu verschaffen weiß. Das geht nur multilateral, im Verbund, mit Macht, aber nicht mit Gewalt. Der Unilateralismus hingegen ist, zusammen mit der Übermilitarisierung, im Herbst 2003 erneut gewogen und zu leicht befunden worden.

Deswegen hat sich Präsident Bush im September wieder den Vereinten Nationen genähert, aber wiederum erst in taktischer Absicht. Er will deren Segen, aber nicht deren Sagen. Bush wird die ersehnten Früchte des Angriffs gegen den Irak erst in der letzten Minute der Wahrheit fahren lassen. In einer Epoche, die mit der Auflösung des sowjetischen und des serbischen Reiches die Abdankung des anachronistisch gewordenen Imperialismus schon registriert hat, ist der Versuch der Bush-Administration, ihn zu restaurieren, wenig erfolgversprechend.

Präsident Nixon, der die »imperial presidency« der ersten Hälfte des 20. Jahrhunderts auf einen neuen Höhepunkt und auf den Begriff gebracht hatte, leitete, als er deren systemlogische Konsequenzen im Vietnamkrieg zu spüren bekam, eine radikale Korrektur ein. Statt sich überall direkt und mit militärischer Gewalt zu engagieren, ließ er 1971 in seiner »Nixon-Doktrin« von Henry Kissinger schreiben, die USA sollten künftig nur den Ordnungsrahmen bestimmen, in dem die Staaten der Welt sich bewegen konnten. Führung war wieder angesagt, nicht die Rolle des Herrschers, geschweige denn die des Polizisten. Nach Afghanistan und Irak wäre in Washington eine neue Wende überfällig. Wird Präsident George W. Bush dazu willens und fähig sein?

RALF DAHRENDORF

# Europa und der Westen
## Alte und neue Identitäten

Das Hauptthema dieses Stückes ist ein Begriff, der Westen. Er führt uns tief in die Geschichte Europas und Amerikas; er ist zudem höchst aktuell in der Welt nach »9/11«, das heißt nach den Terrorattacken vom 11. September 2001 auf amerikanische Orte von großer symbolischer Bedeutung, die die Verwundbarkeit der Macht, sogar der Supermacht, der ganzen Welt deutlich machten. Robert Kagan sieht »9/11« in seinem beachtlichen Essay über *Macht und Ohnmacht* als einen Wendepunkt für den Westen. »Jetzt, da die Bedrohung direkt auf amerikanischem Boden gekommen ist, den von Amerikas Alliierten überspringend, wurde das einzigartige Leiden und die Verwundbarkeit Amerikas zum vordringlichen Thema, nicht ›der Westen‹.« Zugleich »fand auch Europa nach dem Kalten Krieg, daß das Thema nicht mehr ›der Westen‹ ist. Für Europäer wurde ›Europa‹ das Thema.«

Das sind kühne Behauptungen, und während sie ein Stück Wahrheit enthalten, werde ich argumentieren, daß sie im Kern irrig sind. Weder der Gedanke »Amerikas« noch der »Europas« hat einen rechten Sinn ohne den umfassenderen Begriff »des Westens«. Ich jedenfalls bleibe ein Mensch des Westens, bevor ich Europäer bin, und während manche meiner amerikanischen Freunde zuerst Amerikaner sein mögen, kann doch keine Definition dieser Identität übersehen, daß die Werte, die ihr zugrunde liegen, westlich sind.

Dies sind sehr persönliche Aussagen, und ich entschuldige mich nicht dafür, daß die folgenden Bemerkungen auf meiner eigenen intellektuellen und politischen Reise zum Westen und damit zur Verfassung der Freiheit beruhen. Anzumerken ist im übrigen, daß die Vorlesung, die dem folgenden Stück zugrunde liegt, im Namen des deutschen Juristen, Verlegers und Politikers Gerd Bucerius gehalten wurde. Ich habe seine Biographie geschrieben, weil mich die exemplarischen Qualitäten des Lebens dieses Mannes, den ich über viele Jahre kannte, interessierten. Bucerius war nie ein unpolitischer Deutscher, aber erst 1945, am Ende des Krieges, kam der damals knapp vierzig Jahre alte Rechtsanwalt zu seiner Rolle als öffentliche Person. Dem von Naziverbindungen unbefleckten Juristen – er war mit einer Jüdin verheiratet, der er zur Emigration verhalf und zu der er gegen alle Zumutungen hielt, was eine Karriere jenseits der Anwaltskanzlei seines Vaters ausschloß – gaben die britischen Besatzungsbehörden die »Lizenz« zur Herausgabe der später führenden liberalen Wochenzeitung *Die Zeit*. Zugleich engagierte er sich aktiv beim Wiederaufbau der Demokratie in Deutschland, zuerst als Senator in der Hamburger Stadtregierung, dann ab 1948 als Mitglied des Vorparlaments, des Wirtschaftsrates, und ab 1949 für zwölf Jahre als Mitglied des Deutschen Bundestages.

Bucerius war alles andere als ein Stammeskrieger in seinen politischen Zugehörigkeiten. Nach 1945 ging er auf die Suche nach der seinen Auffassungen am ehesten gemäßen politischen Partei, und als er der CDU beitrat, war das eine eher unwahrscheinliche Entscheidung sowohl für ihn, den bürgerlichen Liberalen, als auch für jemanden, der in der durchaus weltlichen, republikanischen Stadt Hamburg lebte. Seine Gründe spiegelten eine sehr persönliche Wahl; sie entsprangen im Grunde seinen westlichen Werten. Er verglich den sozialistischen Nationalismus des ersten Nachkriegsführers der Sozialdemokraten, Kurt Schumacher, mit den Auffassungen von Konrad Adenauer. »Ein nationaler Mann?« fragte er sich über Adenauer. »Nein. Das unterschied ihn von Schumacher. Und es ist präzise, warum ich ihm mein Vertrauen geben wollte.«

Bucerius unterstützte Adenauer entschieden während seiner frühen Regierungsjahre, insbesondere auch zur Zeit der berüchtigten Stalin-Note vom Mai 1952, die Verhandlungen über die deutsche Wiedervereinigung anzubieten schien, um damit einer deutschen Mitgliedschaft in der Nato zuvorzukommen. Dies war, wie Bucerius später bemerkte, die Chance für eine endgültige Übereinkunft mit »dem Westen«, die das Mißtrauen in ein Deutschland, das es lieber »mit dem Osten versucht«, zerstreuen würde. Natürlich unterstützte Bucerius den Schuman-Plan, der zur Gründung der Europäischen Gemeinschaft für Kohle und Stahl führte. Weniger typisch für Adenauers Helfer war, daß er zugleich Ludwig Erhard und die Prinzipien der Marktwirtschaft mit Wort und Tat unterstützte. So wurde der Abgeordnete Bucerius zum Inbegriff des neuen Deutschland mit seinem Liberalismus im Inneren und seinem internationalen Engagement zugleich in europäischer und transatlantischer Zusammenarbeit, also Europäischer Wirtschaftsgemeinschaft und Nato.

Mein Vater, der lebenslange Sozialdemokrat, war zu jener Zeit ein eher kritisches Mitglied seiner Partei geworden. Auch er hatte die liberalisierende Wirtschaftspolitik von Erhard im Wirtschaftsrat unterstützt und später seine Partei öffentlich dafür angegriffen, daß sie mit ihrem Bundestagsvotum gegen die Anfänge der Europäischen Gemeinschaft eine historische Chance verpaßt habe. Für die nächste Generation – für meine, denn ich studierte in jenen frühen Jahren der Bundesrepublik Philosophie und klassische Philologie – wurde die Position, die mein Vater und Bucerius einnahmen, zu einer fast unbestrittenen Selbstverständlichkeit. Dies war die Zeit, in der sich die entstehenden Bündnisse zu einer Art russischer Puppe entwickelten: Man öffnet die Nato und findet darin die europäische Einigung; man öffnet die Europäische Gemeinschaft und entdeckt die deutsch-französische Freundschaft; alles aber steckt in der großen Außenhaut, dem Westen. Die verschiedenen Puppen mögen nicht perfekt ineinander gepaßt haben, aber doch gut genug, um eine Identität mit dem Gesicht der Freiheit zu stiften.

Allerdings war dies auch eine Identität, die sich gegen eine andere definierte, die uns damals nahezu gleich mächtig schien, gegen den Osten. Für den jungen Deutschen hatte die westliche Identität indes noch eine tiefere Bedeutung. Die fünfziger Jahre waren eine Zeit, in der viele von uns die Frage stellten: Wie konnte der schreckliche Irrweg des Nazismus in einem modernen, dem Anschein nach zivilisierten Land geschehen? 1957 traf ich zum erstenmal Fritz Stern, den in Deutschland geborenen amerikanischen Historiker, der zum lebenslangen Freund werden sollte. Seinerzeit ergänzte er seine vorzügliche Dissertation über *Kulturpessimismus als politische Gefahr* um einen bewegenden und scharfsinnigen Essay unter dem Titel *Die politischen Konsequenzen des unpolitischen Deutschen*. Dessen zentrale These ist es, daß man, um Deutschlands Wege zu verstehen, nicht auf exzentrische Minderheitsmeinungen starren solle, die es überall gibt, sondern den Hauptstrom des Denkens und zumal die vorherrschenden Einstellungen zur Modernität ins Auge fassen müsse. Dann entdecke man nämlich einen deutschen Idealismus – Stern nennt ihn »Vulgäridealismus« –, dessen bestimmendes Motiv das »Ressentiment gegen den Westen« war.

Kernstück dieser Haltung war die Neigung, der Kultur einen höheren Wert zu geben als der Politik. Wie sagten doch Goethe und Schiller in einer ihrer gemeinsamen Xenien? »Zur Nation euch zu bilden, ihr hoffet es, Deutsche, vergebens; Bildet, ihr könnt es, dafür freier zu Menschen euch aus!« Der Mensch gegen den Bürger – das ist Teil jenes Idealismus, der (um Fritz Stern noch einmal zu zitieren) »tatsächlich die Sprache lieferte, mit der der unpolitische Deutsche die Massengesellschaft, Demokratie, Liberalismus, Modernität, ja all die sogenannten Importe aus dem Westen entwertete«. Seit dem Beginn des Ersten Weltkrieges wurde der Ton solcher Abgrenzungen militanter. Im Namen des idealistischen und nationalistischen Philosophen Fichte argumentierten Intellektuelle, »daß die deutschen Ideale von Kultur und Persönlichkeit viel erhabener sind als die selbstischen, ordinären Ideale und Institutionen des Westens«.

Dies ist nicht der Ort, um die ausgedehnte Debatte über Deutschlands historischen Sonderweg, zu der ich in meinem Buch über *Gesellschaft und Demokratie in Deutschland* 1965 meinen Beitrag beigesteuert habe, zu verfolgen. Wie Stern, ja unter Bezug auf ihn, stellte ich den anglo-amerikanischen dem deutschen Weg zur Modernität gegenüber. Dabei schält sich so etwas wie eine Definition des Westens heraus; Stern gibt sie fast nebenher: »die rechtlich garantierte Freiheit der Person, das heißt ihr Schutz vor jeder Form der öffentlichen Willkür, ihre Befreiung von wirtschaftlichen und sozialen Benachteiligungen, und ihre geistige Freiheit, also das Recht, abweichende Überzeugungen zu haben, sie mit anderen auszutauschen und öffentlich zu vertreten«, dazu natürlich »der Grundstein der freien Gesellschaft – das Recht zur Selbstregierung, mit anderen Worten die Schaffung eines repräsentativen und parlamentarischen Systems«.

An diesem Punkt ist ein Wort am Platze über Amerika, womit Tocquevilles Amerika gemeint ist, die Vereinigten Staaten. In den späten fünfziger und frühen sechziger Jahren habe ich längere Zeit in Amerika verbracht, zwei Jahre, wenn man alle Besuche zusammenrechnet. Das Ergebnis war, wie immer, ein Buch, dem ich den Titel gab *Die angewandte Aufklärung*. 1963 zuerst veröffentlicht, ist es keineswegs ein Lobgesang auf die amerikanische Lebensweise, nicht einmal auf die amerikanische Demokratie. Die Erinnerung

an die Eisenhower-Jahre war noch frisch, und mit ihr die an die Risiken eines
Autoritarismus, den die »Neocons« unserer Tage keineswegs als erste in die
Geschichte des liberalen Amerika eingebracht haben. Trotz solcher Abirrun-
gen schien es damals, und gilt nach meiner Meinung auch heute noch, daß
Amerika in mancher Hinsicht die reinste Form des Westens vertritt. Wie die
Vereinigten Staaten von Amerika ist auch der Westen eine Schöpfung des
18. Jahrhunderts. Sie sind die großen Kinder der Aufklärung, und nirgends
wurde die Aufklärung weniger behindert durch geistige Sperren und über-
kommene Privilegien als in den dreizehn Kolonien Englands jenseits des
Atlantik.

Aufklärung bedeutet Glauben an die Fähigkeit der Menschen, ihre Vernunft zu gebrauchen. Sie ist, in Immanuel Kants Worten, der Abschied von
selbstverschuldeten, also von Menschen geschaffenen Hindernissen auf dem
Weg zur Entfaltung und Mündigkeit. Sie ist das Akzeptieren von Ungewißheit und damit der Notwendigkeit des Fortschritts durch Versuch und Irrtum. Vielleicht neigten Europäer immer eher zum Irrtum, während man sich
bei Amerikanern darauf verlassen konnte, daß sie nie aufhören würden, Neues zu versuchen. In Houdons Galerie der Porträtbüsten großer Gestalten der
Aufklärung – Diderot, Rousseau, Voltaire – hat die von Benjamin Franklin
einen besonderen und charakteristischen Ort. Der Mann, der sowohl die Un-
abhängigkeitserklärung als auch den Blitzableiter erfand, vertritt die Mach-
barkeit als jene Version der Aufklärung, die vor allem Amerika kennzeich-
net. Während Europäer sich den Kopf zerbrechen und zögern und die Kom-
plexität aller Dinge beschwören, haben sich Amerikaner schon darangemacht, etwas zu tun, was in gewisser Weise alle für nötig halten. Das Ergebnis mag zuweilen ein Durcheinander sein, aber es ist nie die achselzuckende
Bereitschaft, das Unerträgliche sich selbst zu überlassen.

Das ist es, was ich mit der angewandten Aufklärung zum Unterschied von
ihrer – sit venia verbo – akademischeren Variante meine. Es gibt also Unterschiede zwischen der europäischen Tradition und ihrem amerikanischen Ab-
leger. Die Grundwerte indes bleiben dieselben, und sie sind französisch und
englisch und schottisch und auch deutsch in ihrem Ursprung und zugleich
amerikanisch in ihren realen Ausprägungen. Sie sind, in Karl Poppers Worten, die Werte der offenen Gesellschaft. Sie sind die Institutionen der Demokratie und der Marktwirtschaft. Sie sind die selbstbewußten Assoziationen
einer Bürgergesellschaft, die durch ihre innere Kraft die Macht des Staates
begrenzt. Sie sind die Herrschaft des Rechts, das auf Zustimmung, nicht auf
Offenbarung beruht. Sie sind die große Hoffnung – und in Kants Sinn der
moralische Imperativ – einer kosmopolitischen Gesellschaft, in der alle
Menschen Bürger der einen Welt sind.

All dies ist der Westen, wie ich ihn gelernt habe zu verstehen. Was aber ist
Europa? In den frühen Jahren nach dem Zweiten Weltkrieg, von der Bildung
des Europarates über die gescheiterten Pläne einer politischen Union bis zum
Schuman-Plan und der Europäischen Wirtschaftsgemeinschaft, war die Antwort klar und einfach. Man könnte sie schonender formulieren, aber im Kern
ging es um den Versuch, Deutschlands historische Irrwege zu beenden durch

die Einbindung in eine Union des Friedens und der gemeinsamen Interessen, die zugleich fest eingebettet bleibt in die Allianz des Westens. Der Prozeß hatte Nebenwirkungen, darunter manche durchaus wünschenswerte. Die »Gewohnheit der Zusammenarbeit«, die Andrew Shonfield in seinen Reith Lectures über Europa 1972 pries, ist nicht geringzuschätzen. Während der organisierte Westen, vor allem die Nato, von Zeit zu Zeit Mitglieder duldete, von denen man schwerlich sagen konnte, daß sie westliche Werte vertreten, ist die Geschichte der Europäischen Union in dieser Hinsicht ohne Fehl, wenn ein strenger Test auch noch aussteht.

Nichts von alledem verringerte indes die Attraktivität des Westens in seiner transatlantischen Komplexität; auch zerstörte es niemals endgültig die russische Puppe der politischen Institutionen. Tatsächlich akzeptierte Europa innerhalb dieser Institutionen bereitwillig Amerikas militärische Hegemonie, auch wenn Europäer sich zuweilen über Marschflugkörper und dergleichen erregten. Insbesondere die Deutschen wußten, daß Berlin nur so lange sicher war, wie Amerikaner bereit blieben, es zu verteidigen. Als die Ostpolitik eingeleitet wurde, unternahm Willy Brandt als Bundeskanzler jede Anstrengung, um die Unterstützung der Vereinigten Staaten nicht zu verlieren. In der innenpolitischen Diskussion wurden alle die unsanft zurückgewiesen, die mit dem Gedanken einer Rückkehr zu Deutschlands »östlicher Berufung« spielten und versuchten, der neuen Politik des »Wandels durch Annäherung« einen antiwestlichen Drall zu geben.

Dann kam 1989. Trotz »9/11« und anderer Schlüsselereignisse wie 1968 sehe ich die Revolution in Europa, die dem Kommunismus ein Ende setzte, als die zweite große Wasserscheide in meinem Leben nach dem Ende des Nazismus 1945. 1989 hatte zudem eine große Bewandtnis für die in diesen Überlegungen aufgeworfenen Fragen. Niemand hat das klarer ausgedrückt als der unübertroffene Chronist dieser Ereignisse, Timothy Garton Ash. *Gibt es Mitteleuropa?* fragte er in einem seiner erinnernswerten Stücke. Es liegt gewiß nicht mehr dort, wo deutsche Nationalisten wie Friedrich Naumann einmal *Mitteleuropa* ansiedelten, also im Herzen Deutschlands. Auch das vereinte Deutschland ist ein Teil des Westens geblieben; es ist das große Verdienst von Bundeskanzler Kohl, daß er in den entscheidenden Gesprächen mit Gorbatschow darauf bestand, daß diese Bindung sowohl institutionell als auch im Hinblick auf die zugrundeliegenden Werte festgezurrt wurde. Eine Zeitlang beschrieben Polen ihr Land gerne als Mitteleuropa, um so die Grenze zu einem Osteuropa zu ziehen, dem sie nicht angehören wollten. (Polen hatte ja schon lange dieser Haltung symbolischen Ausdruck gegeben, als es die Osteuropäische Zeitzone verließ und die Mitteleuropäische Zeit übernahm, mit zwei Stunden Distanz zur benachbarten Sowjetunion.) Seitdem hat Mitteleuropa sich noch weiter nach Osten bewegt, und zwar so sehr, daß Garton Ash, als er zwanzig Jahre nach dem ersten ein zweites Stück unter dem Titel *Wo ist Mitteleuropa jetzt?* schrieb, die Idee fast nicht mehr greifbar und jedenfalls ohne geopolitische Realität fand. Polen, das Schlüsselland der postkommunistischen Welt, ist entschieden zum Westen geworden, mit dem zuweilen verwirrenden, jedoch höchst wünschenswerten Ergebnis, daß Deutschland

die östliche Option nun vollends verloren hat. Wenn Deutsche heute nach
Osten blicken, dann finden sie dort Länder, die eher westlicher sind als sie
selbst. Die Erweiterung der Europäischen Union wird also die Gewichte
Europas in keiner Weise zu einer weniger westlichen Stellung verlagern; in
gewisser Weise gilt sogar das Gegenteil, wie der Brief der Acht zum Thema
Amerika und Irak gezeigt hat. Europa war immer schon westlich, aber das
neue Europa derer, die der Europäischen Union erst spät beigetreten sind,
zeigt sich bewußter westlich, als jene es sind, die von Anfang an dabei waren.

Zugleich hat die Revolution von 1989 für den Westen eine paradoxe Wirkung gehabt. Indem sie die Kraft seiner Werte unter Beweis stellte, hat sie
seine institutionelle Realität geschwächt. Francis Fukuyamas *Das Ende der
Geschichte* ist in mehr als einer Hinsicht abwegig. Der Kalte Krieg hat die Geschichte eher aufgehalten, die erst nach seinem Ende mit dem Prozeß der
Globalisierung wieder begann. Als der Ost-West-Konflikt bald nach 1989
endete, fiel der alte Osten fast so plötzlich in sich zusammen wie später Saddam Husseins Regime im Irak. Sogar Rußland schloß sich dem Westen an
und ließ damit nicht nur den Sowjetkommunismus und seine zaristischen
Vorgänger hinter sich, sondern auch Solschenizyns Romantik der slawischen
Seele. Damit gab es keinen Gegner mehr für die Nato, die sich daher prompt
bis zur Unkenntlichkeit ausweitete. Weichere Institutionen wie der Europa-
rat taten dasselbe. Die russische Puppe wurde ein eher hohles Spielzeug.
Nachdem die Figur der Nato ihr fast verlorenging und die deutsch-französische Freundschaft zu bröckeln begann, wackelte die Europäische Union eher
unsicher in der Schale des Westens herum. Wohin soll das alles führen? Was
vor allem bedeuten die neuen Umstände, wenn man auch weiterhin an die
Werte des Westens glaubt, an die Freiheit und an die Institutionen, die aus
einer aufgeklärten Weltsicht folgen?

Zwei zeitgenössische Autoren haben konstruktive oder zumindest erhellende Antworten auf diese Frage gegeben, Robert Kagan und Timothy Garton Ash. (Auch ein paar andere haben ihr Scherflein zu der Debatte beigetragen, darunter vor allem einige Professoren der Philosophie in Frankreich und
Italien und Deutschland; nicht allen von ihnen ist es dabei gelungen, sich vor
dem unfreiwilligen Humor des Absurden zu schützen.) Merkwürdigerweise
hat Kagan die meistzitierte Formulierung seines Essays über *Macht und Ohnmacht* aus der deutschen Ausgabe getilgt: »Amerikaner sind vom Mars, und
Europäer sind von der Venus.« Seine Kernthese bleibt indes, daß der Westen
jetzt aufgespalten ist in die, die den Luxus des Lebens im Schatten der Macht
genießen, die Europäer, und andererseits die, die wissen, daß Werte zu ihrer
Verteidigung zuweilen der Macht bedürfen, und zwar auch an entfernten Or-
ten, über die wir wenig wissen, die Amerikaner. Kagans Plädoyer für »ein gewisses Maß an gemeinsamem Verständnis« verblaßt vor Schlußfolgerungen
wie dieser: »Die Vereinigten Staaten müssen manchmal nach den Regeln
einer Hobbesschen Welt spielen, auch wenn sie damit Europas postmoderne
Normen verletzen.« Garton Ash beschwört Amerika anzuerkennen, daß es
nach wie vor gemeinsame Interessen mit Europa gibt und daß Europa durchaus fähig ist, zu deren aktiver Vertretung beizutragen. Sein Projekt ist ein

stärker vereintes Europa, das gemeinsam mit den Vereinigten Staaten die großen Themen der gegenwärtigen Welt anpackt, angefangen mit einer dauerhaften Lösung für den Nahen Osten.

Alle konstruktiven Ideen, insbesondere die von Timothy Garton Ash, sind willkommen, aber die Hindernisse auf dem Weg zu ihrer Realisierung sind doch gewaltig. Zum Teil sind sie zu hoch für die Kräfte von Europäern oder, so scheint es, sogar von Amerikanern. Frieden und Wohlstand im Nahen Osten – und das heißt in erster Linie in Israel und Palästina – sind ein erstrebenswertes Ziel; wenn es erreicht würde, hätte das weitreichende nützliche Folgen, doch ist eine realistische Wegkarte, die zu dem Ziel führen könnte, noch nicht gefunden. Zum Teil geht es indes um Hindernisse, die wir selbst errichtet haben, ja die mindestens so sehr in unseren Köpfen wie in den Umständen um uns existieren. Europa (denn das meine ich, wenn ich »wir« sage) muß neu bedenken, was sein Sinn und Zweck ist, wenn es seiner Berufung als Kraft zur Förderung einer kosmopolitischen Ordnung der Freiheit gerecht werden soll.

Damit nehme ich die Schlußfolgerung vorweg, zu der diese Analyse führt. Sie hat es mit der Identität des neuen Europa zu tun, womit ich das ganze Europa in seiner neuen Gestalt nach 1989 und nach »9/11« meine. Seit einiger Zeit schon ist es schwierig geworden, die Frage der »finalités Européennes« zu beantworten. Das ist die Sprache des Europäischen Konvents, und auch dessen Mitglieder haben es nicht leicht gefunden, ihr einen Inhalt zu geben. Warum Europa? Warum insbesondere soll es eine immer engere Union der demokratischen Länder Europas geben? Die Antworten der Nachkriegszeit, Deutschland einzubinden und den Frieden zu erhalten, sind durch historische Entwicklungen überholt worden. Die wirtschaftlichen Ziele der Förderung und Erhaltung des Wachstums durch einen gemeinsamen und am Ende einheitlichen Binnenmarkt sind zumindest prinzipiell erreicht. Während vieles zu tun bleibt, gibt es doch in dieser Hinsicht keine fundamental neuen Ziele, die zu definieren wären. Jacques Delors – vielleicht der bedeutendste Föderator Europas seit den Christdemokraten der Nachkriegszeit Konrad Adenauer, Alcide De Gasperi und Robert Schuman – hat erreicht, was er wollte.

Das resultierende Vakuum an Zielsetzung ist nun in zunehmendem Maße gefüllt worden durch die überraschende und nach meinem Urteil unselige Entdeckung eines neuen Feindes in Form der Vereinigten Staaten von Amerika. Immer mehr europäische Politiker und Bürger wollen Europa wenn nicht gegen die Vereinigten Staaten, dann doch mit der Absicht bauen, Europa in die Lage zu versetzen, sein eigenes Gewicht in die Waagschale zu werfen, um die Hegemonialmacht Amerikas aufzuwiegen. Sogar der Euro wird von manchen als Gegengewicht zum Dollar gesehen. Viel wird hergemacht von der angeblichen Notwendigkeit, das »europäische Sozialmodell« zu schützen und zu entwickeln gegen die Eingriffe einer neoliberalen Politik, die von Ökonomen in Chicago erfunden wurde und im Konsens von Washington Gestalt gewonnen hat. In jüngster Zeit hat die populäre und doch unscharfe Suche nach einer gemeinsamen europäischen Außen- und Verteidigungspolitik manche dazu verleitet, von einer multipolaren Welt zu träumen, in der Europa eine unabhängige Rolle als einer der Machtpole spielt. Selbst die Entdeckung während der Irak-Episode, daß die Interessen der Europäer weit auseinanderklaffen, hat solche Hoffnungen nicht entmutigt, zumal manche dem Glauben anhängen, daß die Spaltung Europas ein bewußtes Ziel der amerikanischen Politik war.

Nach meiner Überzeugung wird ein Europa, das sich als Gegengewicht zu den Vereinigten Staaten versteht, nicht zustande kommen, und wichtiger noch, es sollte auch nicht zustande kommen. Zunächst einmal ist ein solches Europa einfach nicht realistisch. Zumindest was die harte Macht betrifft, gibt es keinerlei Anzeichen dafür, daß Europa es Amerika an Stärke gleichtun will. Selbst wenn die Militärbudgets der europäischen Länder massiv erhöht würden (was unwahrscheinlich ist), wäre das Ergebnis bescheiden, gemessen an der Stärke des amerikanischen Militärapparates. Überdies würde ein sogenannter Außenminister für Europa noch nicht bedeuten, daß es wirklich eine gemeinsame Außenpolitik gibt. Frankreich und das Vereinigte Königreich werden ihr Veto in den Vereinten Nationen nicht aufgeben; und bevor alle Europäer sich über eine gemeinsame Politik einig geworden sind, werden jene Mitglieder, die Sonderinteressen vertreten, die notwendigen Entscheidungen einseitig getroffen haben. Britannien und die Falklandinseln, Frankreich und das frankophone Afrika, Deutschland und seine Vereinigung sind nur einige der auffälligsten Beispiele.

Wichtiger ist jedoch, daß es nicht nur nicht wünschenswert wäre, sondern den Interessen der Europäer widerspräche, den Westen in der internationalen Politik zu spalten. Es mag durchaus und wird wahrscheinlich immer Unterschiede zwischen westlichen Ländern in der Wahl der Methoden der Politik geben. Kagan mag sogar Recht haben, daß manche dieser Unterschiede auf Europas vergleichsweise schwacher Position in Fragen der harten Macht beruhen. Diese wird Europäer dazu ermutigen, stärker auf »wirtschaftlicher und weicher Macht« zu bestehen, auf »internationalem Recht und internationalen Institutionen«, überhaupt auf »übereinstimmend beschlossenen internationalen Verhaltensregeln«. Aber nichts von alledem kann ablenken von dem gemeinsamen Interesse an der Verteidigung der liberalen Ordnung gegen alle Aggressoren, und mehr noch, an der Verbreitung ihrer Prinzipien in der übrigen Welt. Je zersplitterter der Westen ist, desto verwundbarer wird er, und wenn er sich selbst spaltet, dann hat er den Kern seiner Kraft aufgegeben.

Seit Joseph Nye die Unterscheidung von harter und weicher Macht eingeführt hat, haben nicht nur amerikanische Kritiker wie Kagan, sondern auch Europäer selbst gerne von Europas weicher Stärke gesprochen. Manche haben sich so in den Gedanken verliebt, daß sie einen Niedergang der amerikanischen Macht angesichts von Europas weicher Macht vorhersehen zu können meinen. Man muß sich nicht nur fragen, was genau das bedeuten soll, sondern vor allem, inwieweit es stimmt. Wirtschaftliche Macht ist oft nicht mehr als eine statistische Fiktion. Bruttosozialprodukte werden für Länder zusammenaddiert, während doch die Macht bei Unternehmen liegt, die, wenn sie überhaupt eine Nationalität haben, am ehesten zumindest zum Teil amerikanisch sind. Zudem ist Amerikas Magnetismus in der Welt unvermindert. Selbst potentielle Terroristen würden sich wahrscheinlich auf ein Leben in den Vereinigten Staaten an Stelle ihrer Selbstmordkarriere einlassen, wenn sie ein Einwanderungsvisum bekämen; jedenfalls träumt wahrscheinlich der größere Teil der Menschheit zuweilen davon, Amerikaner zu sein. Der Grund ist die Verlockung der angewandten Aufklärung, der liberalen Ordnung, die die Initiative des Einzelnen in einem Klima offener Chancen ermutigt.

Wenn wir zu Europas »finalités« zurückkehren, bringt uns das zum Westen und zu dem, was Timothy Garton Ash die »liberale Ordnung« nennt. In Europa geht es nicht um irgendeine vage Vorstellung von Einigung. Europa würde vielmehr seine mit Recht gepriesene Vielfalt zerstören, wenn es die Herstellung einer immer engeren Union zu weit triebe. In Europa geht es darum, westliche Werte und mit ihnen die Verfassung der Freiheit innerhalb seiner eigenen, glücklicherweise immer weiter gezogenen Grenzen aufrechtzuerhalten und überdies solche Werte in anderen Teilen der Welt zu unterstützen. Die sogenannten Kopenhagen-Kriterien, die einige der institutionellen Voraussetzungen der liberalen Ordnung detaillieren, waren eine hilfreiche Vorgabe für die Beitrittskandidaten zur Europäischen Union und zeigten Europa von seiner besten Seite. Mit den nötigen Anpassungen an andere kulturelle Traditionen sind die Prinzipien, die diesen Kriterien zugrunde liegen, überall anwendbar. Die Herrschaft des Rechts (zum Beispiel) muß eine Herrschaft des weltlichen Rechts sein, das vom Volk gesetzt und verändert, nicht von den Hohenpriestern irgendeines Glaubens als Offenbarung verkündet wird. Der kulturelle Relativismus, der heutzutage um sich greift, ist ein Zeichen des geschwächten Vertrauens in die Werte der liberalen Ordnung.

Dies ist einer von vielen Gründen, warum es wichtig ist, daran zu erinnern, daß die Werte, um die es geht, mehr als europäisch sind. Sie sind westlich und verbinden damit Europa, die Vereinigten Staaten und wichtige Länder in anderen Teilen der Welt. In gewisser Weise ist die OECD, die Organisation für wirtschaftliche Zusammenarbeit und Entwicklung, zur plausibelsten institutionellen Vertretung der in Frage stehenden Werte zumindest in ihrem eigenen begrenzten Aufgabenbereich geworden. Die OECD schließt Japan und Australien ebenso ein wie Kanada und lateinamerikanische Länder. Wäre es vielleicht sinnvoll, eine OPCD, eine Organisation für politische Zusammenarbeit und Entwicklung, zu schaffen, um bei der Ausbreitung und dem Schutz der Verfassung der Freiheit überall in der Welt mitzuhelfen?

Die zugrundeliegende These dieser Erwägungen bringt mich zur Aufklärung und insbesondere zu Immanuel Kant zurück. Kagan mokiert sich über »die Kantische Welt des ewigen Friedens«. Hätte er mehr als den Titel von Kants kleiner Schrift *Zum ewigen Frieden* zur Kenntnis genommen, dann wäre ihm klar geworden, daß Kant alles andere als ein Advokat von Arkadien ist. Im Gegenteil macht Kant selbst sich in seiner anderen kleinen Schrift, der *Idee zu einer allgemeinen Geschichte in weltbürgerlicher Absicht*, lustig über die, die von einem Arkadien träumen, in dem ihre Existenz keinen größeren Wert hat als die ihrer Schafe. Konflikt, oder in Kants Wort »Antagonismus«, ist angesichts der »ungeselligen Geselligkeit« der Menschen in allen Gesellschaften gegeben, ja mehr, er ist eine Quelle des Fortschritts. Am entfernten Ende des Prozesses könnte solcher Fortschritt zu einer internationalen Ordnung der lebendigen Konkurrenz und des Konflikts unter Regeln des Rechts führen. Bis dahin haben wir allerdings einen weiten Weg zurückzulegen; vielleicht erreichen wir das Ziel nie. In der Zwischenzeit müssen wir indes so handeln, daß die Maximen unseres Handelns sich denken lassen als die Prinzipien einer kosmopolitischen Ordnung. Nichts was wir tun, darf den Weg zu diesem Ziel versperren oder auch nur erschweren; alles was wir tun, muß den Weg zu einer gesetzlichen und liberalen Ordnung im eigenen Land und in der Welt insgesamt ebnen.

Darum geht es nach meiner Auffassung beim institutionellen Europa. Die Europäische Union (oder was immer der Name sein mag) bezieht ihre Kraft und ihren Sinn daraus, ein Schritt in die richtige Richtung zu sein. Wie die Vereinigten Staaten und daher mit den Vereinigten Staaten weist sie den Weg zu einer weiteren, am Ende allgemeinen Akzeptanz bestimmter Werte. Wenn man das Wort westlich nicht mag, kann man sie ebensogut als die der liberalen Ordnung beschreiben, wenngleich sie ihren Weg als die Werte des Westens begonnen haben. Rechtfertigen sie Interventionen in anderen Teilen der Welt, wo solche Werte systematisch mißachtet werden? Ich glaube ja, obwohl wir auch hier Regeln setzen müssen, die unser Handeln leiten und begrenzen. Jedenfalls ist die Zeit gekommen, die Werte einer solchen Ordnung aufs neue zu behaupten. Vielleicht brauchen wir einen neuen Westen als Rahmen für die engagierte Verfolgung gemeinsamer Projekte des Friedens und Wohlstandes in Freiheit. Indes, ob alt oder neu, für die aufgeklärte Welt bleibt die liberale Ordnung des Westens Quelle der Identität.

DIRK TÄNZLER

# Zur Geschmacksdiktatur in der Mediendemokratie
## Ein Traktat über politische Ästhetik

In seinen Schriften *Der Staat* und *Die Gesetze* schildert Platon den Sitten- und Staatsverfall in der Athener Demokratie. Im achten Buch des *Staates* führt Sokrates mit Adeimantos einen Dialog über die beste Staatsform. Mäeutisch schickt er Adeimantos zunächst auf den Holzweg und läßt ihn sich in der Illusion von der Demokratie als der schönsten aller Welten verfangen, um diese dann um so schonungsloser zu entlarven und dem Schüler eine Lektion in politischer Bildung zu erteilen.

»Sokrates: Nicht wahr, an erster Stelle steht doch dies, daß sie freie Menschen sind und daß der Staat förmlich überquillt von Freiheit und von Schrankenlosigkeit im Reden, und jeder ungehindert tun kann, wie es ihm gerade gefällt. – Adeimantos: Offenbar. – Sokrates: Es werden sich also Menschen der verschiedensten Art unter solcher Verfassung zusammenfinden? – Adeimantos: Ohne Zweifel. – Sokrates: Fast sieht es aus, als wäre dies die schönste aller Verfassungen. Wie ein buntes in allen Farben prangendes Gewand prangt auch sie im Schmuck aller möglichen Lebensrichtungen und ist dem Anschein nach die schönste.«

Aber sogleich trübt sich der erste betörende Eindruck: Die Demokratie als die Summe aller Verfassungen verkomme zwangsläufig zur »Trödelbude von Staatsverfassungen«, und jedem stünde frei, sich politisch zu betätigen oder nicht; eine politische Bürgerpflicht bestehe in der Demokratie nicht – was zur kulturellen Degeneration führen muß, wenn man, wie Platon, den Menschen als Zoon politikon versteht. Aber auch jeder könne, wo der Wille und die Selbstverwirklichung als das höchste Prinzip gelten, ein Amt usurpieren, wenn er nur wolle und sich berufen fühle. Man wird es ihm gewähren, »wenn er nur versichert, daß er es mit der Menge gut meine«. Das ist, so würden wir heute sagen, eine Definition des Populismus, die wir für ein Grundübel der modernen Zeit halten und vorschnell auf die Medialisierung zurückführen. Sein Ethos, wenn man das überhaupt so nennen darf, bestimmt Platon folgendermaßen: Wie der von seinem Willen und seinen Begierden getriebene, in seiner Tugendlosigkeit äußerst buntscheckig sich präsentierende Mensch zwangsläufig in »Streit mit sich selbst« verfalle, so könne auch der ebenfalls der Idee des Guten abholde politische Führer nur willkürlich, das heißt nach Gusto und diktatorisch entscheiden. Alle fallen wie die Gefährten des Odysseus unter die Lotophagen, vergessen, zu reinen Genußmenschen geworden, Heimat, Tradition und Pflicht – zumindest solange sie nicht vom Führer auf den rechten Weg zurückgeleitet werden.

Die Wurzel dieses phantasievoll ausgemalten Übels sieht Platon im schlechten Einfluß der Dichter auf das Publikum. Denn für Platon stellt die musikalische Bildung die Grundlage politischer Kultur dar, der Zweck des

Staates ist die Förderung der Tugend, die Mäßigung der menschlichen Begierden. Die Temperierung und Stimmung der menschlichen Triebe erfolgt durch die Musik, insbesondere bei den großen, in rauschhafte Trinkgelage ausartenden Festspielen. Denn nach der griechischen Theorie war Musik die Nachahmung menschlicher Seelenstimmungen und Charakterzüge. Im Verständnis der alten Griechen war die szenisch aufgeführte Musik eine Kunst der Politik, in den Händen des Gesetzgebers ein ästhetisches Mittel, den Menschen im Innersten seines Wesens im Sinne des Staates zu formen. Daher darf die öffentliche Ausführung der Musik nicht in das Belieben von Künstlern gestellt oder vom Beifall der Menge abhängig gemacht werden, sondern ist allein dem Urteil von durch Bildung ausgewiesenen Experten zu überantworten. Im Athen des Sokrates trug sich nun folgendes zu: Ließ das Volk einst freiwillig die Gesetze über sich herrschen, so hat es sich nun selbst zum Herren aufgeschwungen und zwar (zunächst) über die Musik, die es in »ungebührlicher Freiheit« ausübt, damit die überlieferte Ordnung zerstörend.

»Im weiteren Verlauf der Zeit aber waren es die Dichter, die den Anfang machten mit der gesetzwidrigen Verunstaltung der Musik, Männer von dichterischer Begabung, aber unkundig dessen, was für die Musik als Regel und Gesetz gelten muß, ... verbreiteten sie ohne es eigentlich selbst zu wollen aus reinem Unverstand die lügnerische Meinung über die Musik, daß es ihr an allem und jedem sicheren inneren Merkmal des Richtigen fehle und die bloße Lust dessen, der sich an ihr erfreue, gleichviel ob er sittlich etwas tauge oder nicht, der beste Richter über sie sei. Indem sie nun solche Werke schufen und zudem auch noch solche Ansichten in Umlauf setzten, erzogen sie die Masse zu einer gesetzwidrigen und dreisten Haltung in bezug auf die Musik, als ob sie das Zeug dazu hätte über sie zu richten. So ward denn das bisher schweigsame Publikum zu einem lärmenden, als ob es in Sachen der Musenkunst über das Schöne und Unschöne ein zuständiges Urteil hätte, und an die Stelle der Herrschaft der Besten *(aristokratia)* trat nun auf diesem Gebiete eine Art verderbliche Pöbelherrschaft, nämlich die des Theaterpublikums *(theatrokratia)*.« (*Die Gesetze*, drittes Buch)

Die Dichter verkennen beziehungsweise verletzen die Gesetze der Musik und glauben, ihr außermusikalische Regeln auferlegen zu dürfen. Das heißt aber prinzipiell, daß, wenn etwas nichts Eigengesetzliches, Selbststrukturiertes ist, dann kann es nach Gusto geformt werden. Dieser Relativismus eröffnet der Willkür Tür und Tor und ist das Ende der tradierten wie jeder vernünftigen Ordnung, auch und gerade im Politischen.

Im Unterschied zur antiken Theatrokratie, wie Platon sie beschreibt, sind für die moderne Herrschaft der Zuschauer in unserer Mediendemokratie eine neue Art von Führerauslese, Repräsentation und Medialisierung von Belang. Jeder politische Führer muß sich, so Max Weber, vor seiner Gefolgschaft bewähren. Gefolgschaft, das war in der hierarchisch gegliederten Ständegesellschaft traditionellerweise der Verwaltungsstab des politischen Führers, der für ihn die Kontrolle der politisch nichtrepräsentierten Masse übernahm: also das Volk niederhielt, und zwar mit Gewalt. Der Politiker in der modernen Gesellschaft – ob Diktator oder Demokrat – muß dagegen Anerkennung durch die Masse finden, die nicht mehr bloß Objekt der Beherrschung durch Machtapparate, sondern (auch) Subjekt im politischen Prozeß geworden ist. Der Machterhalt zwingt den modernen Politiker zum unmittelbaren Kontakt zur Masse, und zwar nicht nur in kritischen Ausnahmefällen, sondern alltäglich, darüber hinaus zur Massenmobilisierung und Transformation der Masse vom passiven Publikum in eine aktive Anhänger- und Wählerschaft. Die politische Kommunikation wird daher durch ein Repräsentationsverhältnis geprägt, das nach Einführung des allgemeinen Wahlrechts, dem Verschwinden letzter Reste ständischer Politik sowie der Entstehung des Berufspolitikers als dominantem Handlungstypus im politischen System auch Auswirkungen auf die politische Ästhetik und politische Pragmatik hat.

Repräsentation ist ursprünglich ein aristokratisches Prinzip und bedeutet Einheit und Gleichheit von Vertretenem und Vertretendem. Repräsentation ist in der Ständegesellschaft also unmittelbare Präsenz und damit genau das Gegenteil von dem, was Repräsentation in der modernen funktional-arbeitsteiligen Gesellschaft ausmacht, nämlich Stellvertretung.[1] Daher muß in der Ständegesellschaft die Anwesenheit des abwesenden Fürsten oder Monarchen rituell in Szene gesetzt werden zum Beispiel durch eine Effigie, was nach dem heutigen Verständnis von Stellvertretung verpönt wäre. Stellvertretung darf nicht inszenierter Schein sein – und die Wachspuppe ist nach dem Ende der Realsymbolik nichts anderes mehr. Stellvertretung muß für uns heute wegen der Trennung von Repräsentiertem und Repräsentierendem, so paradox es klingen mag, authentisch sein.

Anders als im antiken Griechenland, wo alle Bürger im Prinzip auf der Agora präsent waren, um (idealiter) gemeinsam und in Personalunion als Herrscher und Beherrschte Politik zu machen – was zugleich ihre Absenz vom Oikos und damit ihre Entlastetheit von Eigeninteressen sicherte –, anders auch als in der Ständegesellschaft, in der ebenfalls noch das Präsenzprinzip, allerdings eingeschränkt auf die Vornehmen, galt, wird in der modernen Massendemokratie mit allgemeinem Wahlrecht politische Stellvertretung notwendig, weil der Demos als Souverän hier prinzipiell vom Arkanum der Macht ausgeschlossen ist. In der arbeitsteiligen Gesellschaft entsteht schließlich der Berufspolitiker, der stellvertretend für den Souverän handelt und damit seinen Unterhalt bestreitet. Bedingung der Möglichkeit dieses modernen Repräsentationsverhältnisses ist die Idee der Gleichheit aller Bürger, die den Widerspruch zwischen der Stellvertretung und dem Zwang zur Authentizität aufhebt. Diese These wird verständlich, wenn man sich noch einmal des Unterschieds zwischen ständischer und demokratischer Repräsentation versichert.

Für die Herrschaftsausübung des Monarchen ist die Maske ausschlaggebend; der leibliche Körper des Königs mag abwesend sein, die Präsenz seines Corpus politicum, so Ernst Kantorowicz, bleibt davon unberührt. Der König ist prinzipiell unersetzbar. Allem Anschein zum Trotz verweist die Puppe

---

[1]  Vgl. Johannes Weiß, *Handeln und Handeln lassen. Über Stellvertretung.* Wiesbaden: Westdeutscher Verlag 1998.

genau darauf. Anders als der König kann sich der moderne Abgeordnete vertreten lassen – allerdings nicht durch eine Wachspuppe. Da das demokratische Prinzip auf der grundsätzlichen Austauschbarkeit aller Positionsinhaber beruht, würde Stellvertretung in einem *regressum ad infinitum* enden, wäre selbstzerstörerisch, wenn nicht an irgendeiner Stelle auf Authentizität verwiesen würde. Die Forderung nach Authentizität ist Ausdruck des modernen Menschenbildes: Gott als das das aristokratische Repräsentationsverhältnis fundierende und den König als Stellvertreter Gottes auf Erden legitimierende Ens realissimum hat der Mensch verdrängt und abgelöst. Der Mensch und die menschliche Erfahrung werden zum letzten Kriterium, wenn nicht der Wahrheit, dann zumindest der Wahrhaftigkeit.

»Dabeisein ist alles«, heißt die Devise, die dann in der sogenannten Erlebnisgesellschaft zum Dogma erhoben wird. Ob es Authentizität im besonderen Fall oder ganz im allgemeinen gibt oder nicht, ist dabei irrelevant: Authentizität ist ein in seiner Geltung zu unterstellender Legitimationsglaube oder zumindest eine Wertidee innerhalb eines solchen Deutungsmusters, an der sich sozial Handelnde orientieren und die deshalb in der Wirkung der an ihr orientierten Handlung auf die soziale Realität erfaßt und gemessen werden kann. Der humanistische Legitimationsglaube moderner politischer Repräsentation erzeugt die Erwartung an Authentizität der Akteure, die somit zu einer Strukturbedingung moderner, auch politischer Kommunikation wird. Und der muß der Politiker in seiner Darstellung gerecht werden. Um für ein politisches Amt geeignet zu erscheinen, bedarf der moderne Politiker eines bestimmten Images, einer spezifischen Theatralisierung seiner Authentizität als Mensch.

Dieser der Logik politischer Repräsentation entsprungene Zwang zur authentischen Imagekonstruktion führt also zur »Vermenschlichung« des Politikers. Für den König und selbst noch für den über die Massen herrschenden, aber auch von den Massen gewählten Diktator gilt, daß er etwas Übermenschliches repräsentiert, während der demokratische Führer, auch und gerade als Politiker, Mensch sein will und sogar die politische Ordnung als menschliche – als von Menschen für Menschen gemachte – repräsentiert.[2]

Der moderne Repräsentant besitzt Herausgehobenheit als Bedingung seiner Wählbarkeit nicht qua Amt. Er ist ja dafür nicht durch edle Abstammung prädestiniert – in der Leistungsgesellschaft hat er sich dafür erst einmal zu qualifizieren. Das Charisma des modernen Politikers gründet daher auch nicht in einer Sache oder Idee, die er dann wie der Monarch verkörpert, sondern in der Herausgehobenheit einer exemplarischen Existenz, in der Charismatisierung seiner Person, die sich vor dem Publikum bewähren muß. Außerdem verkörpert der Abgeordnete nicht den Willen Gottes und die durch ihn legitimierte Ordnung, sondern den Willen des Souveräns. Die politische Ordnung ist weder nur transzendente Wirklichkeit noch Interessen-

---

[2]  Vgl. Dirk Tänzler, *Das ungewohnte Medium. Hitler und Roosevelt im Film.* In: *Sozialer Sinn*, Nr. 1, 2000, S. 93–125.

gemeinschaft; sie muß sich darüber hinaus am Menschen als dem Maß aller Dinge messen lassen. Der wahre Mensch ist authentisch, er selbst und kein anderer, eine unverwechselbare, unvertretbare und einzigartige Lebenspraxis. Entsprechend vollzieht sich in der postpatriarchalen »vaterlosen Gesellschaft« die Identifikation mit dem Politiker nicht mehr als Übermensch oder Übervater, sondern als Bruder, als Mensch wie Du und Ich, als Jedermann.

Die Führerauslese durch die Massen zwingt den Politiker zum permanenten Kontakt mit dem Demos, was in der Massengesellschaft nur mit Hilfe der Medien möglich ist. Die Medien sichern die Erreichbarkeit des Publikums für den Politiker, sind also zunächst ein Instrument der Machtausübung und so auch von den Pionieren einer medialen politischen Ästhetik verstanden und benutzt worden. Aber anders als Mussolini, Hitler und Roosevelt, die glaubten, sich der Medien problemlos als Werkzeug bedienen zu können, sind die Medien eine eigene Macht sowohl der Deutung wie der Darstellung, nicht nur mehr oder weniger neutrale Vermittlungsagenturen politischer Inhalte, sondern sowohl Mitstreiter im Kampf um Deutungshoheit und Inszenierungsdominanz als auch technischer Apparat mit Eigenlogik und Formzwang. Gegenüber Platons Idealtypus der Theatrokratie steht die Mediendemokratie aber zusätzlich unter dem Vorzeichen der Technik.

Das technische (Bild-)Medium kommt als zusätzliche Variable der politischen Kommunikation in doppelter Weise ins Spiel: manifest als dritte Partei und Gegenspieler in Gestalt leibhaftiger Akteure auf der Vorderbühne, latent und verborgen auf der Hinterbühne in Gestalt der Rahmen- und Strukturbedingungen technikvermittelter Kommunikation. Auf diese Herausforderung muß der Politiker mit einer spezifischen politischen Ästhetik reagieren, was seinerseits zwei Konsequenzen zeitigt. Die Auseinandersetzung in und mit den Medien – Ronald Kurt hat dafür den treffenden Ausdruck »Kampf um Inszenierungsdominanz« geprägt – wird zu einem wesentlichen politischen Problem, nämlich einer Bedingung der Machteroberung und Machtsicherung, und die Medienästhetik ein Teil der politischen Pragmatik. Historisch ist dieser Wandel geknüpft an den Aufstieg des Fernsehens zum Leitmedium.

Die Mediendemokratie ist bestimmt durch die Trias Politiker, Publikum, Medium. Alle drei Parteien stehen unter dem Diktum eines strukturell im Fernsehmedium angelegten Selbstinszenierungszwangs, der im Hinblick auf das Authentizitätsproblem zwei Fiktionen produziert: erstens die Fiktion von der Nähe zwischen Repräsentant und Repräsentiertem und der Teilnahme der Massen am politischen Geschehen; zweitens die infolge des Kampfes um Inszenierungsdominanz von den Medien immer wieder aufs neue erzeugte Fiktion des Blicks hinter die Kulissen. Die Unterscheidung zwischen Vorderbühne und Hinterbühne wird zum letzten Bollwerk und Legitimationsmythos, die den »kritischen« Medien als selbsternannter vierter Gewalt im Staate noch verbleiben, wenn, wie spätestens mit Schröders Krönungsmesse auf dem Wahlparteitag der SPD 1998, die Politik sich der Medientechnik bemächtigt und sich die Inszenierungsdominanz sichert. Mit der konsequenten Inszenierung der Politik als Medienereignis ist aber das Problem der Differenz von Authentizität und Inszenierung nicht etwa gelöst, sondern spitzt sich zu. Schröders Wahlkampf von 1998 hatte zweifellos Maßstäbe gesetzt, die im Bundestagswahlkampf 2002 zu überbieten weder der SPD noch der CDU/CSU gelang.

Das Wählen, das Entscheiden über andere, wird heutzutage zunächst als Genuß in entlasteten, verantwortungsfreien Spielsituationen beschrieben: »Die in den Wahlen der Unterhaltungssendung abgegebenen Entscheidungen haben nahezu ausschließlich den Charakter von Geschmacksurteilen angenommen. Dieses Wahlverhalten wird ... in großen Teilen auf den Bereich der politischen Wahl übertragen«.[3] Seit den achtziger Jahren treten Politiker verstärkt auch in Unterhaltungssendungen des Fernsehens auf. Gerhard Schröder in *ZAK* und Helmut Kohl in *Boulevard Bio* zeigen einen sehr unterschiedlichen Umgang mit dem Medium. Während Schröder sich auf das jeweils abverlangte Spiel einläßt, opponiert Kohl gegen die Zumutungen des Mediums und zeigt wenig Neigung, *mit* anderen zu sprechen – er will *zu* anderen sprechen.[4] Kohl spielt nicht mit, er macht sein eigenes Programm. In beiden Fällen besteht ein »Passungsverhältnis« zwischen Medienformat und Darstellungstechnik des Politikers. Da Schröder meisterhaft die Anforderungen des Mediums und die Erwartungen der Zuschauer verinnerlicht und als telegenen Habitus ausgeprägt hat, kann er das Format *ZAK* für sich nutzen. Den postmodernen Spielen des Politikmagazins *ZAK* wäre Kohl nicht gewachsen. Er hätte sich ihnen von vornherein verweigert, weil sie mit seinem Politikstil unvereinbar sind. Dagegen läßt ihn seine »Ernsthaftigkeit« bei *Boulevard Bio* brillieren.

Die Wahlverwandtschaft dieser medialen Inszenierungen von Schröder und Kohl zeigt idealtypische Züge des Umgangs dieser Politiker mit dem Medium. Außerdem wird hinter den Unterschieden in der medialen Selbstdarstellung der Politiker und in der Inszenierung der Medienformate eine Gemeinsamkeit von historischer Relevanz sichtbar: Kohl und Schröder reagieren auf die Medien nicht mehr (primär) rhetorisch wie noch Roosevelt, Adenauer oder Schmidt, sondern betont mimisch-gestisch durch Körpereinsatz. Gleichgültig, ob die Politiker wie bei *ZAK* durch die Gesprächsführung in Widersprüche verwickelt und als »Menschen mit Schwächen« demaskiert oder wie bei *Boulevard Bio* zur narrativen Konstruktion des »Mitmenschen« motiviert werden sollen, erlangen sie Souveränität durch ihre Körperregie. Ihre körperliche Erscheinung wird zur tragenden Säule ihrer medialen Inszenierung und trägt auch die eher schwache Rhetorik, die keinerlei Anleihen an klassische Schulung erkennen läßt.

---

3  Hans Georg Soeffner, *Die Ordnung der Rituale. Die Auslegung des Alltags 2*. Frankfurt: Suhrkamp 1992.

4  Vgl. Ronald Kurt, *Der Kampf um Inszenierungsdominanz*. In: Herbert Willems / Martin Jurga (Hrsg.), *Inszenierungsgesellschaft. Ein einführendes Handbuch*. Wiesbaden: Westdeutscher Verlag 1998.

Durch Ausnutzen der Visualität des Mediums unterlaufen sie die Inszenierungsdominanz der Medien. Dabei präsentieren sie sich als zwei diametral entgegengesetzte Stilisierungstypen: Der Modernisierer Gerhard Schröder wirkt souverän durch seine spielerische und situationsgerechte Präsentation von Masken, die ihre Beliebigkeit deswegen verlieren, weil sie immer wieder unter Beweis stellen, daß Schröder sich als »Programmatiker ohne Programm« in jeder Situation zurechtfindet und für das Problem die passende Lösung hat: Wer jeder Situation gerecht wird – so die Suggestion –, der muß ein starker Macher sein. Dieses Bild weiß Schröder geschickt zu verkörpern und ins Bild zu setzen. Nicht zuletzt dank seiner Erscheinung in Maßanzügen und ausgestattet mit Accessoires höheren Genusses präsentiert er sich als Manager, aber zugleich bewußt als Manager des Gemeinwohls: Der »Genosse der Bosse« fährt keinen Mercedes, sondern einen Volkswagen. Ähnlich und doch auf ganz andere Art versucht der Konservative Helmut Kohl, seine körperliche Präsenz zum Programm zu erheben, um so Verläßlichkeit zu suggerieren und ein Gegengewicht zu bloß modischer Gefälligkeit aufzubauen. Ist Schröders spielerisch alerte Erscheinung auf die Medienwirkung berechnet, scheint Kohl mit seiner massiven Körperlichkeit Eigensinnigkeit und Widerständigkeit gerade gegen einen solchen Trend der Gefälligkeit signalisieren zu wollen.

In der Reflexion auf die Bildhaftigkeit des Mediums und einen darauf berechneten Körpereinsatz zeigt sich der zunehmende Einfluß der Bildmedien auf die Selbstdarstellung von Politikern. Die Unterschiede in der Art und Weise, wie dies geschieht, machen hingegen deutlich, daß der mediale Einfluß primär die Form der Selbstdarstellung, das heißt den Wechsel vom Rhetorisch-Diskursiven zum Mimisch-Gestischen determiniert, nicht aber Stil und inhaltliche Ausgestaltung der Inszenierung, die optional durch die Akteure gewählt werden – durchaus unter Verwendung traditioneller Mittel. Während Kohls Verhalten in seiner »Natürlichkeit« nicht selten von folgenreichen Stilunsicherheiten geprägt war, scheint Schröder geradezu eine auf den Eigensinn der Medien abgestimmte Stilisierung von Politik zu pflegen.

Trotzdem war Kohls Selbstdarstellung nicht weniger erfolgreich, allerdings wagt man sie mangels Reflexivität kaum eine Inszenierungsstrategie zu nennen. Dieser Antihistrioniker par excellence ignoriert die Differenz zwischen Person und Rolle, Gesicht und Maske. Wie ein Monarch ist er ganz öffentlicher Mensch, Corpus politicum, dem seine Privatperson so natürlich wie gleichgültig ist. Von daher verwundert es nicht, daß Kohl in der Parteispendenaffäre mit dem Ehrenwort seine Person verpfändete. Allerdings ist die Ehre kein bürgerliches Prinzip – das ist die mit der Aura des Geheimnisses umgebene und dadurch geschützte unantastbare Würde, das letzte nichtaskriptive und Authentizität verbürgende Merkmal im innersten Kern der Privatperson –, sondern ein ständisches Relikt, eine im öffentlichen Austausch zwischen Funktionsträgern fortlebende Rollenzuschreibung, eine Maske. Ehre ist außerdem nicht Ausdruck frei gewählter Solidarität wie in einer Intimbeziehung oder im auf Brüderlichkeit gegründeten republikanischen »Verein freier Menschen« –, sondern einer erzwungenen, häufig zeitlich wie sachlich durch ein kontingentes gemeinsames Schicksal begrenzten *Kameradschaft*, die in der Moderne hauptsächlich in totalen Institutionen wie dem Militär ihren angestammten Platz hat. Der »Ehrenmann« ist eine Fassade, hinter der man weniger ein wundervolles Geheimnis vermutet als ein nur allzu menschliches Komplott.

Dieses – zumindest scheinbare – Aufgehen des Menschen Kohl im Politiker Kohl ist typisch für seine Art der Machtsicherung. Als Parteipolitiker, der den Apparat durchlaufen und kennengelernt hat, baute er in jahrelanger Arbeit dauerhafte klientelische Bindungen zu Parteimitgliedern auf, die zum Fundament seiner Macht wurden. Diese auch zu anderen Staatsführern gepflegten scheinbar intimen, weil nichtöffentlichen »Männerfreundschaften«, eigentlich Kameradschaften, gaben seiner Politik etwas durchaus Menschliches, wenn nicht gar Allzumenschliches, der aber, wie das Ehrenwort zeigt, zugleich etwas Instrumentelles anhaftet, wodurch der Eindruck von Unwahrhaftigkeit entsteht.

Schröder gibt sich distanzierter, wie schon sein Verhältnis zur eigenen Partei zeigt. Schröder ist nicht Parteimensch, sondern als sozial kompetenter Individualist eher im Kampf gegen die Partei als in und mit ihr aufgestiegen. Sein Einfluß auf die eigene Partei ist vermittelt, stark an seine mediale Politikinszenierung gebunden, daher fragil, was seine Machtworte nur allzu deutlich machen. Damit fällt neues Licht auf die angebliche Personalisierung, die der »Selbstdarsteller« Schröder angeblich auch in der SPD als Programmpartei durchgesetzt habe. Gewählt wird nur, wer die Problemlösungskompetenz, die die Wähler eher mit einer Partei als mit einer Person verbinden, verkörpert und damit sinnlich zum Ausdruck bringt. Schröders Macht über die Partei beruht darauf, daß er sich als alleiniger Garant der Regierungsfähigkeit und damit einer Regierungsbeteiligung der SPD ausweist. So gesehen ist Schröders Herrschaft viel stärker darstellungsabhängig und damit zugleich öffentlicher als das Kohlsche Regiment.

Schröder inszeniert Image als Stil und zwar für alle als solche erkennbare Maske, auch und gerade da, wo er sich als »der Mensch Schröder« gibt. Selbst das öffentlich inszenierte Private wird als Inszenierung, als Uneigentlichkeit und Inauthentizität markiert und damit als Tribut an das Amt und die Medien legitimiert. Jenseits dieser Inszenierungen bleibt das Geheimnis um den »wahren« Schröder gewahrt, »die Möglichkeit einer zweiten Welt neben der offenbaren« (Georg Simmel), was seinem Image Tiefe und Schwere gibt und somit das Interesse an seiner Person weckt. Gerade diese seine Ungreifbarkeit verleiht, anders als seine politischen Gegner und Kritiker behaupten, Schröder einen authentischen Charakter, seiner Maske Würde und ihm selbst staatsmännisches Profil.

Vergleicht man die beiden Kanzler, dann erscheint Kohl als der Antihistrioniker, der ganz aus dem Herzen agiert und wie der natürliche oder empfindsame Schauspieler Diderotscher Prägung nur immer sich selbst, den Menschen in seiner unzulänglichen Alltäglichkeit gibt. Schröder verkörpert eher den Gegentypus des artifiziellen Schauspielers, der distanziert unterschiedliche Rollen, soziale Habitus ständischer Typen nachahmt, die er aus der Beobachtung des natürlichen Alltagsmenschen sowie durch die Reflexion und die Steigerung zum ideellen Modell gewonnen hat. Darin kommt nicht etwa nur ein größeres schauspielerisches Talent zum Ausdruck; da wir den Politiker für einen geborenen Schauspieler halten und Schauspiel zur unabdingbaren Eigenschaft (erfolgreichen) politischen Handelns rechnen, wäre damit kein neues und spezifisches Desiderat der Medialisierung von Politik erfaßt. Was sich im Darstellungsstil Schröders zeigt, ist die Habitualisierung einer medialen Performance, die aber nicht wie aus Sicht einer auf Entscheidungshandeln reduzierten Theorie der Politik vorschnell als »Deprofessionalisierung«, sondern als ein unter den gegebenen Bedingungen adäquater und notwendiger Wandel politischen Handelns zu bewerten ist.

# Humaniorakolumne

## Die Wiederkehr der Armut

VON KATHARINA RUTSCHKY

Von Armut, armen Leuten und ihren Kindern hat man viele Jahre nichts gehört und gelesen – es sei denn, man griff zu Dickens' Romanen oder erinnerte sich an das eine oder andere Gedicht von Hofmannsthal oder Rilke. Schockierende Bilder des Elends, vornehmlich als Folge von Schicksalsschlägen und Naturkatastrophen formatiert, veranlassen die deutschen Fernsehzuschauer von Fall zu Fall aber immer wieder zu großherzigen Spenden. Vielleicht bricht sich dabei die kollektive Erinnerung an jene »Katastrophe« Bahn, die in der Kriegs- und Nachkriegszeit so viele um ihr Hab und Gut gebracht hatte.

Das nachdenklichere Publikum verwirklicht sein Mitgefühl dagegen schon fast traditionell in Grundsatzüberlegungen, als Kapitalismus- und Kolonialismusschelte, heute im Schlagwort von der Globalisierung zusammengefaßt, und begleitete darüber hinaus den schnell wachsenden Reichtum der Bundesrepublik mit der pädagogischen Kritik am Konsumterror und neuerdings der ökologisch so gefährlichen Verschwendung natürlicher Ressourcen. Armut und Arme schien es nicht zu geben, das Konzept der Benachteiligung ersetzte es, und aufgerufen war die Gesellschaft, faktisch der Staat oder mit öffentlichen Geldern finanzierte Institutionen, sie aufzuheben.

Für den Dienst an dieser schönen Idee wurde viel Personal benötigt. Die inzwischen erreichte hohe Quote qualifizierter weiblicher Berufsarbeit etwa rührt wesentlich daher, daß Frauen hier ihrer offenbar tief eingewurzelten Neigung zur Arbeit am Menschen nachgehen konnten. Ich bin zum Beispiel bei der nun schon Jahre dauernden Begleitung einer armen Berliner Familie in Gerichten, Ämtern, Schulen und Praxen bloß zwei-

oder dreimal auf Männer gestoßen, die allerdings dann naturgemäß noch qualifizierter waren und noch mehr zu sagen hatten.

Inzwischen ist das Konzept der Benachteiligung und die schöne Idee, daß neben der Chancenungleichheit im Bildungswesen auch Ungleichheiten anderer Art durch das rechtlich gestützte Engagement sozialstaatlicher Helfer zu beheben wären, gründlich gescheitert. Die miserablen Ergebnisse, die das teure deutsche Schulsystem bei der Pisa-Studie erbracht hat, sprechen eine ebenso deutliche Sprache wie der Output des Gleichstellungsfeminismus oder wie sie der grade aktuelle offiziöse Gesundheitswahn in ein paar Jahren sprechen wird, wenn die Aufklärung über Pommes frittes, Zigaretten und Alkohol die Spaltung der Gesellschaft in Arme und Reiche, Männer und Frauen, Dumme und Schlaue, Kranke und Gesunde auch nicht aufgehoben haben wird.

Anders gesagt: Ineffizient und mit hohem Aufwand gearbeitet hat in den vergangenen Jahren nicht nur die jetzt reformierte Bundesanstalt für Arbeit, sondern eine ganze Menge anderer gutgemeinter Einrichtungen, die mit der Agenda 2010 einer immerhin Rot-Grün geführten Bundesregierung jetzt durchgreifend verändert werden sollen.

Ihr liegt, behauptet der »Aufruf von Wissenschaftlerinnen und Wissenschaftlern: Sozialstaat reformieren statt abbauen – Arbeitslosigkeit bekämpfen statt Arbeitslose bestrafen« eine falsche Krisendiagnose zugrunde. Die richtige lautet: »Die andauernde Massenarbeitslosigkeit ist die Folge fehlender Arbeitsplätze und nicht die Folge fehlender Arbeitsbereitschaft.« Oder auch: »Die Ursachen für die gegenwärtige Finanzkrise liegen nicht im sozialstaatlichen System und dessen vermeintlich zu üppigen Leistungen. Die Finanzierungsdefizite sind in erster Linie Folge der Finanzierung der deutschen Einheit über die Sozialversicherung sowie der chronischen Arbeitsmarktkrise. Zur Finanzkrise hat aber auch die Steuerpolitik der letzten Jahre beigetragen, die die Entlastung auf die Unternehmen, hohen Einkommen und die Vermögensbesitzer konzentriert hat.«[1]

Eine Reform, die den Namen verdiente, werde den Sozialstaat dagegen ausbauen und durch eine gerechtere Lastenverteilung auf breitere Füße stellen; außerdem durch öffentliche Investitionen in Infrastruktur und Bildungssystem Arbeitsplätze schaffen. Letzteres könne auch durch Arbeitszeitverkürzung und eine egalitäre Aufteilung der Nicht-Erwerbsarbeit zwischen den Geschlechtern gefördert werden.

Abzulesen ist diesem von Sozialethikern und Sozialwissenschaftlern unterzeichneten Aufruf ein gewiß ernst gemeintes Interesse an einer auf »sozialen Ausgleich gerichteten Gesellschaftsordnung«. Das heißt allerdings immer, das Augenmerk auf eine Umverteilung von einem diffusen Oben der Reichen und Mächtigen nach einem viel konkreteren Unten vorzunehmen, das den Wissenschaftlern zumindest als Forschungsgegenstand (Kinder, Familien, Alleinerziehende usw.) vertrauter ist. Zum anderen ist ihre gute Gesellschaftsordnung, darin geradezu biedermeierlich, rein nationalstaatlich aufgefaßt. Von Migrantenproblemen und generell dem Einwanderungsdruck, der dieses deutsche Idyll von Sicherheit, Absicherung und noch mehr Gerechtigkeit in Frage stellt, ist mit keiner Silbe die Rede. Hans-Christian Schmid hat mit seinem letzten Spielfilm *Lichter* die deutsch-polnische Grenze mit all ihrem Personal ganz unspektakulär, quasi neorealistisch porträtiert. Es sind Grenzschützer, Schlepper,

kleine und große Unternehmer, Wirtschaftsflüchtlinge von überall her, die sich in dieser von Not, Hoffnung, Unternehmungsgeist, Gesetzen und Polizeipraktiken regierten, aber moralisch undurchdringlichen Zone bewegen müssen.

So wie die deutsch-polnische ist Grenze überhaupt eine Fiktion, an der aber neben den Unterzeichnern des Aufrufs auch alle anderen Kritiker der rot-grünen Reform festhalten, so, als ob sie unbewußt das Modell einer geschlossenen Gesellschaft favorisierten, wie die DDR es tatsächlich einmal gewesen ist. Ein hohes Maß an Sicherheit und Gleichheit ging in diesem volkspädagogischen Experiment allerdings einher mit geschlossenen Grenzen, abgeschotteten Gästen und Gastarbeitern und, was selbst hartgesottene Kommunistenfresser überrascht hat, einer am Ende desolaten Ökonomie. Der Bankrott hätte bevorgestanden, wenn Staaten überhaupt Konkurs machen könnten.

Die Wiederkehr der Armut als eines heuristischen Konzepts in einer neuen Armutsforschung, die sich vor allem mit Kindern und Jugendlichen und ihrem Umfeld beschäftigt, hat spontan die Moral auf ihrer Seite, wie immer, wenn es um diese Gruppe quasi unschuldiger Menschen geht. Die hohe Arbeitslosigkeit und die vielen Reformvorhaben der rot-grünen Regierung im Hinblick auf die sozialen Sicherungssysteme, die Finanznöte der Kommunen samt eingeleiteten Rationalisierungen und Deregulierungen im öffentlichen Sektor schüren überall Ängste und machen das Konzept außerdem plausibel. Wer noch nicht arm ist, fürchtet es zu werden, wenn die Einschnitte im sozialen Netz zu bislang unbekannten Belastungen wegen der privaten Vorsorge gegen die Wechselfälle des Lebens auch an seinem gewohnten Wohlstand knabbern.

Dennoch hat die Armutsforschung mit gewissen Akzeptanzproblemen zu

---

[1]  Mich erreichte dieser Aufruf über die Deutsche Gesellschaft für Erziehungswissenschaft.

kämpfen. Zu fest sitzen die Bilder von Armut, Elend und Hunger, die uns seit Jahren aus der Dritten Welt erreichen; zu viele können ihren guten Alltag an eigenen Erinnerungen oder Kenntnissen aus der jüngeren deutschen Sozialgeschichte messen und noch über den Kontrast jener Lebensverhältnisse mit den heutigen staunen. So gesehen, könnte man auch vermuten, daß die Beschwörung der Armut weniger mit ihrer Realität als mit der Unfähigkeit zu tun hat, den historisch beispiellosen privaten und öffentlichen Wohlstand der letzten Jahrzehnte zur Kenntnis zu nehmen. Wenn eine Stadt wie Berlin es sich leistet, Fußgängerampeln blindengerecht umzurüsten – die Anpassung der Verkehrswege an Rollstuhlfahrer hat schon vor Jahren stattgefunden –, dann ist die Kommune trotz ihrer Verschuldung und der aktuellen Finanzkrise nicht arm. Für den privaten Konsum gilt das gleiche, nur noch in gesteigerter Weise. Alle verfügen über unendlich viel mehr, als sie zum Leben brauchen, auch die Armen, die es natürlich auch vor der Armutsforschung gegeben hat – nach Recht und Gesetz.

Gegen diesen Einwand haben die Forscher, in Fortführung einer EU-Richtlinie von 1984, Armut als ein relationales im Unterschied zu einem absoluten, an den Lebensnotwendigkeiten ausgerichteten Konzept entwickelt.[2] Heute gilt als arm, wer über weniger als 50 Prozent des nationalen Durchschnittseinkommens verfügt. Ergänzt wird dieses Konzept von einem zweiten, »prekärer Wohlstand« geheißen, das man bei 60 Prozent ansetzt. Man kann sich leicht vorstellen, welche Zahlen von Armen und Armutsgefährdeten dann unterm Strich generiert werden: 1997 sollen das ungefähr 10 Prozent und 35 Prozent der Deutschen gewesen sein – aus einsichtigen Gründen hinkt die Statistik der Ent-

wicklung um einige Jahre hinterher. Von dieser Armut betroffen sind besonders Kinder und Jugendliche.

An die Stelle der früheren Altersarmut ist mit fast zwei Millionen in dieser Gruppe etwas getreten, was als »Infantilisierung der Armut« bezeichnet wird. Sind Kinder also ein Armutsrisiko, Kinder, die eine alternde Gesellschaft so dringend zur nationalen Zukunftssicherung braucht, wie manche Bevölkerungswissenschaftler meinen? Wie Christoph Butterwegge und Michael Klundt gezeigt haben, hat die Biologie der Reproduktion auf die Ökonomie – das wirtschaftliche Wachstum oder Bruttoinlandsprodukt – nicht mehr den förderlichen Einfluß, den sie unterstellen.[3]

Produktivitätszuwächse haben zunehmend mit Innovationen, nicht mit der Zahl der Erwerbstätigen zu tun. Die »Familienausbeutungstheorie«, wie sie vor allem von Jürgen Borchert mit Aufrechnungen zwischen Kinderlosen und Familien im Anschluß an die Rentendebatte populär gemacht worden ist und auch in einem Urteil des Verfassungsgerichts zum »ungerechten« Beitrag der Eltern zur Pflegeversicherung Folgen zeitigte, hat schon deshalb ihre Haken. Es ist nicht nur so, wie Norbert Reuter und Thomas Ebert in zwei Analysen des Sammelbandes dartun, daß zum Beispiel qualifizierte kinderlose Frauen (es gibt immer noch sehr viele, aus feministischen wie historischen Gründen) mit ihrer Arbeit einen Beitrag zum Bruttoinlandsprodukt leisten – es paßt auch nicht mehr in die Zeit, daß Eltern ihre Kinder wie eine persönliche Investition betrachten, deren Rendite sie später einmal abkassieren können und sollen.

Daß Familienfundamentalisten mit solchen kruden patriarchalischen Phantasien auftreten, zeigt einmal mehr, daß es einen seriösen Konservatismus kaum

2   Petra Hölscher, »*Immer mußt du hingehen und praktisch betteln*«. *Wie Jugendliche Armut erleben*. Frankfurt: Campus 2003; Karl August Chassé u. a., *Meine Familie ist arm. Wie Kinder im Grundschulalter Armut erleben und bewältigen*. Opladen: Leske und Budrich 2003.
3   Christoph Butterwegge / Michael Klundt (Hrsg.), *Kinderarmut und Generationengerechtigkeit. Familien- und Sozialpolitik im demographischen Wandel*. Opladen: Leske und Budrich 2003.

noch gibt. Die ideologiekritischen Beiträge der Armutsforschung sind lesens-
wert und verdienen, in die öffentliche
Debatte eingeführt zu werden, auch
wenn ihre Phantasien von der großen
Umverteilung im Namen der Gerechtigkeit – eigentlich wohl Gleichheit –
ebenfalls wenig Vertrauen einflößen.

Das gilt auch für die wohlgemeinten
Untersuchungen, das Leben heutiger Armen zu erforschen. Sie spiegeln mehr als
deren Lebenslage die moralische Befindlichkeit einer systemgläubigen, weil
nicht zuletzt ja mit öffentlichen Mitteln
alimentierten Mittelschicht. Keine Person, keine Gruppe will auch nur einen
Fußbreit von dem Terrain aufgeben, auf
dem man sich bequem eingerichtet hat.
Der Fall zweier Berliner Professoren, die
sich zugunsten eines dritten eine Stelle
teilten, dürfte sich selten wiederholt haben.

Es hat mich verwundert, daß die Un-
tersuchung *Die Arbeitslosen von Marienthal* aus dem Jahr 1933 in keinem Litera-
turverzeichnis mehr auftaucht, obwohl
auf der Folie dieser traditionellen Armut
die neue Kontur gewinnen könnte: ein
dünnes Büchlein von jungen Wissenschaftlern, die als Emigranten in den
USA zu einiger Berühmtheit in der Welt
der Sozialforscher gelangen sollten. Ma-
rie Jahoda, Paul F. Lazarsfeld und Hans
Zeisel erforschten ein Industriedorf un-
weit Wiens, dessen Bewohner durch die
Stillegung der großen Textilfabrik in der
Weltwirtschaftskrise komplett arbeits-
los geworden waren, Männer und Frau-
en.

Wie haben die proletarischen Famili-
en ihr Budget gestaltet? Das geringe Ar-
beitslosengeld war befristet, und keine
Sozialhilfe stand zur Verfügung, wenn es
auslief. Über das Angebot kostenloser
medizinischer Sprechstunden gewannen
die Forscher das Vertrauen ihrer Proban-
den und erhielten Einblick in die Veränderung der Ehe- und Familienverhältnis-
se, die Situation der Kinder, aber ebenso
in den Niedergang des Vereins- und
Clubwesens, auch der politischen Arbeit,
die vorher die Freizeit der Arbeiter ge-

**Gottfried Benn
Sämtliche Werke.
Stuttgarter Ausgabe.
Band VII / 1: Szenen
und andere Schriften
Band VII / 2: Nachlaß
und Register**

Herausgegeben von Holger Hof
je 687 Seiten, Leinen mit
Schutzumschlag
Subskriptionspreis für beide Bände:
€ 70,– (D) / sFr 110,–
Das Werk kann nur als Ganzes
erworben werden. Die Subskription
endet mit dem 31.12.2003.
ISBN 3-608-95700-6

**Der Abschluß der großen
kritischen Stuttgarter Benn-
Ausgabe.**

**Klett-Cotta**
www.klett-cotta.de

prägt hatten. Das lag weniger an den Kosten als am schnellen Erodieren gewohnter Zeitstrukturen und der Einbuße an allgemeiner Lebenslust. Selbst die Mütter, die vorher ihren Haushalt noch nach der Fabrikarbeit zu regeln hatten, vermißten sie schmerzlich und konnten trotz der gestiegenen Beanspruchung durch eine sparsamste Ökonomie mit so viel Zeit nicht genug anfangen. Das Kollektiv zeigte Risse, beobachtbar am Denunziantentum: Wer bei einem Bauern gegen ein paar Naturalien einmal aushalf, konnte sofort die Unterstützung verlieren. Die Familien kapselten sich in ihrem harschen Überlebenskampf ab.

Erforscher der heutigen Armut haben beobachtet, daß die psychische Belastung durch Armut in Ländern wie Schweden mit einer niedrigen Armutsquote viel stärker ausfällt als etwa in England mit einer hohen Quote. Man erklärt sich das mit der Individualisierung der Armutserfahrung. Ergänzt wird diese These durch die wohl an Skeptiker des gegenwärtigen Armutsdiskurses adressierte Warnung, daß Armut bei uns unsichtbar sei und auch deshalb nicht so ernst genommen werde. Sicher war die traditionelle Armut der Arbeiterbevölkerung in Marienthal, die aus einer geregelten Dürftigkeit der Lebensverhältnisse in die Arbeitslosigkeit fielen, eine kollektive Erfahrung. Wenn diese nicht mehr gegeben ist, weil die Rahmenbedingungen sich geändert haben, dann werden wir es aber trotz hoher Arbeitslosigkeit in unserem immer noch komfortabel ausgestatteten Sozialstaat auch mit einer anderen Armut und Armen anderen Charakters zu tun haben als die Forscher in Marienthal.

Aufrüttelnde Meldungen, mit denen die Armutsforschung in den Medien reüssiert, haben nicht selten die Form soziologischer Tautologie. Arme, und darunter viele Kinder und Jugendliche, beziehen Sozialhilfe. Könnte man sich darüber nicht auch freuen? Arme sterben sieben Jahre früher! Sicher nicht, weil sie verhungern, im Gegenteil: Arme Kinder laufen nämlich ein höheres Risiko als andere, an Fettsucht zu erkranken. Die Kinder der Armen haben viel schlechtere Bildungschancen, weil immer noch die Eltern die Entscheidung darüber fällen. Klaus Hurrelmann, seit langem mit der Erforschung der psychosozialen Befindlichkeit des Nachwuchses befaßt, hat herausgefunden, daß nur jedes fünfte Kind aus der Unterschicht sich gesund »fühlt«, während es bei den anderen jedes zweite tut. Arme habe zu wenig Geld, und arme Kinder leiden mit. »Das Postulat gleicher Chancen ist verletzt«, meint Hurrelmann.

Ein Postulat ist eine Forderung. Wie soll man ihrer Erfüllung aber näher rücken, wenn die Armutsforschung, anders als die Pioniere 1933 in Marienthal, sich scheut, den modernen Armen ins Gesicht zu blicken? Kinder hängen mit einer fast nur anthropologisch zu verstehenden Leidenschaft an ihren Eltern, wie schlecht diese auch sein mögen, das haben die Armutsforscher immerhin gemerkt. Ansonsten machen sie unendlich viele politisch korrekte Vorgaben, die sie selbst von dem Vorwurf entlasten sollen, den man als »blaming the victim« bezeichnet.

Es ist kein Zufall, daß die neue Armutsforschung sich vor allem der Kinder und Jugendlichen annimmt; denn ihnen kann man ja wirklich keine Schuld geben. Die Vorgeschichte der Eltern wird ausgeblendet, deren Meinungen und Klagen werden zwar erfragt, aber mit Daten und Fakten nicht erhärtet. Eine alleinerziehende Mutter mit Kindern von drei untauglichen Vätern (gewiß ein Extremfall), denen man ihre Kriminalität genauso wie ihre familiäre Gewalttätigkeit und ihre Alkoholkrankheit nachzusehen hat wie der Mutter diese Partnerwahl und ihre naive Reproduktivität in desolater Lage, wird nicht erforscht, sondern ohne wissenschaftliche Nachfrage hingenommen.

Die Kinder sollen dagegen von dem Paradigmenwechsel profitieren, der von der Sozialisationsforschung zur Kindheitsforschung hin in den letzten Jahren stattgefunden hat. War die erstere im Hinblick auf Kindheit zielorientiert und primär an Entwicklungshindernissen und Handikaps aller Art interessiert, um ihnen womöglich abzuhelfen, so hebt die Kindheitsforschung heute lebensweltlich auf das Dasein der Kinder, ihre Meinungen und ihr Wohlgefühl ab. Generell sollen sie, gegen jede Erfahrung und Intuition, als Individuen von eigenem Recht, als womöglich noch aktive und kreative Subjekte ihrer Existenz, unabhängig von ihren alten Bezugspersonen und ihrem Milieu wahrgenommen werden.

Ob armen Kindern dieser Paradigmenwechsel von den objektiven Entwicklungschancen zu ihrer momentanen Befindlichkeit nützt? Immerhin ist unser Bildungswesen nicht ganz zu Unrecht verdächtigt worden, zuletzt einer unrealistischen Kuschelpädagogik gehuldigt zu haben, die dem mitfühlenden und konfliktscheuen Lehrpersonal vielleicht doch mehr Trost bietet als den vielen Tausenden, die jährlich ohne einen Abschluß die Schule verlassen. Was auf die deutschen Pädagogen und viele andere professionell Zuständige, die schon den einheimischen Armen keinen Ausweg aus ihrer Misere bieten konnten, in Zukunft noch zukommen wird? Jedes fünfte Neugeborene in Deutschland hat heute Elternteile mit einem Migrantenhintergrund, meistens mit einem türkischen. Mit den Verrenkungen des Wohlwollens wird den absehbaren Problemen, die sich der deutschen Gesellschaft in Zukunft stellen werden, nicht beizukommen sein.

Wer sich der modernen Armut annehmen will, so, wie sie in den Fallgeschichten mancher Armutsforscher immerhin durchschimmert, wenn man sie gegen den Strich der politischen Korrektheit liest, muß umdenken. Die Besinnung auf die altmodische Caritas, die moralische Verpflichtung zum Tun des Guten ohne jede Spekulation auf die Behebung eines irdischen Problems, kann dabei nicht schaden. Zivilisierte Gesellschaften produzieren an ihrem Rand unentwegt nämlich auch soziale Milieus von Menschen, die den enorm gesteigerten Ansprüchen an die Lebensführung in der Risikogesellschaft nur schlecht gewachsen sind. Daß Erwerbslosigkeit und Geldmangel als Armutsrisiken gelten, gehört zu den Tautologien der Forschung – daß fehlende Bildung, kurzum ein Mangel an soziokulturellem Kapital, der familiär vererbt wird, deutsche Arme gleich welchen Alters vor allem ausschließt, müßte zuvörderst bedacht werden. Geldtransfer nützt da so wenig wie noch so »niederschwellige« Beratungsangebote, was jeder Vergleich mit anderen statistischen Armen, aber soziokulturell Reichen wie etwa arbeitslosen Jungakademikern oder Künstlern zeigt.

Greife ich die internationale Vergleichsstudie über Straßenkinder in Köln, Bolivien und Chile heraus.[4] Sinn macht sie nur im Hinblick auf die Popularität des Themas; denn die wenigen deutschen Straßenkinder unterscheiden sich von den zahlreichen südamerikanischen vor allem durch ihre Unfähigkeit, Hilfen anzunehmen – Hilfen, die es dort gar nicht gibt. Einfangen und einsperren wollen wir sie deshalb nicht, so wenig wie wir es jungen Frauen verbieten, Kinder zu kriegen, auch wenn sie die falschen Väter wählen und ihre Erziehungsleistung absehbar unterdurchschnittlich ausfallen wird. Anders als es uns die Armutsforschung in der Nachfolge der alten Kapitalismuskritik weismachen will, stellt die neue Armut eine Herausforderung an die kulturelle Kapazität der guten Gesellschaft dar. Der schlichte Humanismus und die Phantasie von der großen Umverteilung haben sich längst als Symptome der Lähmung erwiesen.

---

4  Vgl. Christoph Butterwegge u. a., *Armut und Kindheit. Ein regionaler, nationaler und internationaler Vergleich.* Opladen: Leske und Budrich 2003.

# Musikkolumne

## Adornos schwierige Gegenwart

VON RICHARD KLEIN

Jubiläen haben etwas Fatales an sich. Sie verführen dazu, just über die Differenz, von der alles abhängt, nicht genügend nachzudenken: über die zwischen dem numerischen Anlaß des Feierns und dessen Basis in der Sache. Das mag im einen Fall weniger dramatische Folgen haben als im anderen, eine gesellschaftlich akzeptierte Ignoranz oder Indifferenz spielt allemal mit hinein. Skeptisch sollte man spätestens dann werden, wenn Anlaß und Grund beinahe umgekehrt proportional zueinander stehen, das heißt wenn man feiert, weil eben gefeiert wird, aber kaum jemand zu sagen vermag, mit welchem Recht dies geschieht.

Etwa so ist das Adornojahr in weiten Teilen publizistisch verlaufen. Daran sind nicht nur die Leute oder die Medien schuld, es hat auch mit dem Gefeierten selbst zu tun. Aus vielen Kommentaren spricht eine nachgerade bestürzende Unsicherheit darüber, was denn Adornos Beitrag zur Philosophie gewesen ist, das im strengen Sinn Unersetzbare an ihm, ohne das wir ärmer wären und in unseren Möglichkeiten beschränkter.

Und diese Unsicherheit tritt parteiübergreifend auf: Autoren, die je schon von der Aktualität kritischer Theorie felsenfest überzeugt sind, versagen vor der Aufgabe, die Gegenwart ihres Gegenstandes einsichtig zu machen, ebenso wie solche, die ohne Unterlaß ihre starke Meinung repetieren, Adorno sei als Philosoph und Soziologe schlechthin vergangen und nichts von dem, was er gemacht habe, zähle heute noch. Biographien zeigen sich an einer derartigen Problemstellung ohnehin nicht interessiert, wie verdienstvoll sie sonst auch sein mögen.

Wenn aber das Jubiläum als solches nicht überflüssig sein soll, muß man sich schon die Mühe machen, zu unterscheiden zwischen dem, was am Gefeierten im engeren Sinn »zeitbedingt« ist, also mit sachlich überholten Parteinahmen, rhetorischen Ticks und einem gewissen persönlichen Gehabe zu tun hat, und dem, was von seinem Denken bleibt, herausfordert und zur Auseinandersetzung zwingt. Gegenwart steht Historisierung – und damit immer auch »Entzauberung« – nicht im Weg, sondern setzt sie voraus.

Andererseits verfehlt man das Wesen einer Philosophie, wenn man sie auf den historischen Ort *reduziert*, aus dem sie hervorgegangen ist (»Schönbergschule«, »Neomarxismus«, »Drittes Reich«, »Nachkriegszeit«). Sie beweist ihre Gegenwart – und damit ihre Autonomie gegenüber der eigenen historischen Genese – dadurch, daß sie auf die Fragen und Probleme neu zu antworten vermag, mit denen man sie jeweils konfrontiert und zu denen sie selbst nötigt.

Daß die Schwierigkeiten, Adornos Originalität als Philosoph auf den Punkt zu bringen, *nicht* einfach eine Folge seiner historischen Begrenzungen sind, zeigt sich an den Schriften zur Musik. Was wir heute als deren Schwächen empfinden, ist leicht zu benennen: die schülerhafte Fixierung auf die zweite Wiener Schule, das daraus folgende restriktive Bild von Musikhistorie, ein Altherrenhochmut gegenüber populärer Musik, der eindeutig dilettantische Umgang mit Psychoanalyse etwa in den Essays über Jazz, Wagner und Strawinsky, überhaupt ein Musikrichtertum, das von einer hohen geschichtsphilosophischen Warte aus Verdikte fällt, ohne diese durchsichtig und für intersubjektive Nachprüfungen offen zu halten. Daß Rhetorik und Pathos des Mannes einem

ohnehin antiquiert, manchmal sogar ab-
stoßend erscheinen können, ist ebensowenig zu leugnen.

Allein, Defizite dieser Art sind sehr
kontingent, einige von ihnen geradezu
privat. Daß sie hinter den komplexen
Möglichkeiten von Adornos Denken zu-
rückbleiben, versteht sich von selbst. Es
lohnt indes nicht, persönliche Vorurteile
wie theoretisch relevante Optionen zu
behandeln, da sie keine erkenntnisträch-
tigen Konflikte in der Sache hervorrufen
können. Warum so viele Leute suggerieren, bei Adorno täten sie es aber, ist kein
philosophisches Problem.

Man kann mit zwei Überlegungen
Adornos einsetzen, die die beiden Elemente eines Grundgedankens darstellen.
Erstens mit dem Modell eines Philoso-
phierens, in dem Musik, Wissenschaft
und philosophische Theorie in ein wech-
selseitiges Verweisungsverhältnis treten,
das eine Hierarchie ebensowenig kennt
wie die methodische Distinktion der Ge-
genstandserfahrung nach akademischen
Zuständigkeiten. Dieses Modell ist bekannt, aber nicht erkannt und noch weniger in seinen Konsequenzen zu Ende
gedacht. Das in diesem Jahr häufig zu
hörende Lob, der Meister habe in exem-
plarischer Weise Fachgrenzen über-
schritten, klingt, auch wenn es richtig
ist, seltsam irreal, wenn man bedenkt,
daß diese Überschreitungen wirkungs-
geschichtlich fast keine Folgen gehabt
haben.

Zweitens geht es um eine Figur, bei
welcher der Musik zunächst ein Primat
zugedacht scheint, die sich bei näherem
Hinsehen indes als erläuternde Bestimmung des ersten Modells entpuppt. Gemeint ist das Moment einer Ästhetik
»von unten«, die am konkreten musikalischen Werk ansetzt und sich in der Erfahrung, Analyse und Kritik seiner Indi-
vidualität ihre Bestimmungen erarbei-
tet. Philosophie ist nicht als ein vorgän-
giges begriffliches Konzept auf das Werk
der Musik anzuwenden, sondern von dessen besonderer phänomenaler Verfassung
her eigens zu entwickeln. Die Erfahrung
des Werks wäre also eine philosophische

Ursprungserfahrung, das Werk letztlich
der Grund des Denkens, der selbst kein
Gedanke ist. Wenn Philosophie dem
Werk so nahe zu treten vermag, daß sie
aus der Analyse seiner »Logik« her ihre
eigenen Gehalte aufbauen kann, fängt sie
mit sich selbst an.

Man kann das noch verschärfen, indem man sagt: Philosophie fängt *nur insofern* mit sich selbst an, als sie fähig ist,
die Sprache des musikalischen Werks zu
sprechen und bis ins Detail analytisch
nachzuvollziehen. Das ist kein Ausver-
kauf von Wahrheit an Methode, im Gegenteil: Allein um ihrer Sachhaltigkeit
willen, das heißt weil sie anders jeden re-
levanten Kontakt zum Gegenstand ver-
löre, muß Philosophie sich auf wissenschaftliche Forschung hin überschreiten,
nicht, weil sie in musicis szientistischen
Restriktionen unterworfen wäre oder
werden sollte.

Dieses Modell »interdisziplinär« zu
nennen, wäre zu harmlos. Adorno hält,
das zeigen seine materialen Arbeiten ein
ums andere Mal, die Grundfragen der
Philosophie fest, er will sie weder verwis-
senschaftlichen noch ins wahllos Bunte
von »cultural studies« überführen. Und
erst recht nicht unmittelbar durch Kunst
beantworten, von Ganzheitsromantik ist
seine Ästhetik denkbar weit entfernt.
Aber er glaubt, daß sich jene Fragen nur
festhalten lassen, wenn man sie mit Mitteln artikuliert, die erst jenseits »reiner«
Philosophie zutage treten und dieser
eben darum erst zu bestimmungsreichen
wie erfahrungshaltigen Vorstellungen
ihres Objekts verhelfen.

Adorno weigert sich, die Differenz
zwischen der Kritik von Kategorien und
phänomenorientierter kritischer Analytik so aufzulösen, daß jene der Philosophie und diese den Einzelwissenschaften
zufällt und also der mobile Konnex zwischen beiden durchschnitten wird. Er
strebt eine Musikphilosophie an, die spekulatives Denken mit wissenschaftlicher
Forschung, einen emphatischen Begriff
von Erfahrung mit methodologisch re-
flektierter Analytik verbindet.

Das heißt einmal: Die Fragen nach

Freiheit und Unfreiheit, Tod und Autonomie, Natur und Geschichte, Zeit und
Glück, Subjektivität und Gesellschafts-
macht und so weiter finden ihren prä-
gnantesten Ausdruck weniger anläßlich
(der Interpretation) philosophischer Texte als in der Auseinandersetzung mit
besonderer Musik und Kunst. Aber solche Kategorien lassen sich dem Werk
nicht »philosophisch« auferlegen wie
»Ideen«, die über seiner speziellen Fak-
tur schwebten wie der Geist, der aus der
Flasche gefahren ist. Sie als Bedeutungs-
komplex, der über das Phänomen hin-
ausführt, ernst zu nehmen, heißt bei
Adorno, sie aus der »Logik des Produ-
ziertseins« des Phänomens selbst, aus
den Bewegungszentren seines individu-
ellen Formprozesses, seiner Philologie
und Grammatik her einsichtig zu machen.

Wenn man nach Vorbildern Ausschau
hält, die bei diesem imposanten Unternehmen Pate gestanden haben, fallen
einem, außer Hegel, nur zwei ein, die zudem noch gegensätzliche Akzente setzen: Marx und Nietzsche. Den ersten er-
wähnt Adorno in diesem Zusammenhang interessanterweise nie, den zweiten
meist kritisch. Marx hat mit der Ineins-
bildung von philosophischer Konstruktion und empirischer Materialdurch-
dringung – kurz: von Hegel und Nationalökonomie – einen Maßstab aufgestellt, an dem sich eine moderne Philosophie, die den Idealismus nicht einfach
wiederholen will, messen lassen muß. Er
hat gezeigt, daß das Verständnis der Realität als einer geschichtlich gewordenen
durch kognitive Leistungen der Einzelwissenschaften vermittelt ist, die aller
Philosophie vorausliegen.[1]

Demgegenüber ist Nietzsche der erste
Philosoph, der ein *bestimmtes* Kunstwerk
als *das* philosophische Ereignis *seiner* Zeit
behandelt. Seine Feststellung, man habe
das Wesen der Moderne erkannt, wenn
man sich über Gut und Böse bei Wagner
im klaren sei, ist gewiß polemisch ge-

meint, aber ihr furioser Neuheitsgrad
wird davon nicht berührt: Eine Höhenla-
ge des ästhetischen Tonfalls, die ein ein-
zelnes Werk der eigenen Gegenwart sozusagen als »Organon der Philosophie«
konstruiert, hatte es zuvor noch nie gegeben. An ihr gemessen sinkt die alte romantische Metaphysik der Kunst zum
akademischen Schattenspiel herab.

Adornos Ansatz steht beiden nahe.
Durchaus ist seine philosophische Kritik
von Musik dem vergleichbar, wie Marx
im Britischen Museum in London klassische Nationalökonomie und Hegelsche
Logik studiert hat. Und zwar insofern,
als die Fragen, die hierbei zur Philosophie drängen, sich strikt jenseits von
dieser bilden und mit genuin philosophischen Mitteln erst einmal nicht for-
mulierbar, also auch nicht zugänglich
sind.

Wollte man zum Beispiel die Lage, in
der sich ein sehr relevanter Teil der Musik nach 1910 befindet, aus dem Stand
mit Sätzen wie »Gott ist tot« oder »die
Wahrheit ist zeitlich« charakterisieren,
machte dies das Problem, das man auf-
hellen will, durch schlechte Abstraktion
gerade unsichtbar. Die Fragen, die sich
nach dem Verlust der funktionsharmoni-
schen Tonalität stellen, sind entweder
musiktheoretisch   artikulierbar   oder
überhaupt nicht. Soll ihre philosophische Deutung zu einer Einsicht in der Sache fähig sein, muß sie dieses Artikula-
tionsniveau in sich aufgesogen haben.
Analog dazu wäre auch Marx zu keiner
Kapitalismuskritik von Gewicht fähig
gewesen, wenn er sich nicht zuvor die Erkenntnisse der Theorien von Smith und
Ricardo angeeignet hätte.

Nietzsche vertritt in dieser Konstella-
tion die Gegenseite, das spekulative Moment gegenüber der immanenten Methode, die »höhere Kritik«. Darin ist er
Adorno zugleich Vorbild und Stein des
Anstoßes: Vorbild, weil er »bis heute von
allen am meisten zur sozialen Erkenntnis
von Musik beigetragen« hat; und Stein

---

[1]   Vgl. Michael Theunissen, *Negative Theologie der Zeit*. Frankfurt: Suhrkamp 1991.

des Anstoßes, weil er soziale und musikalische Kritik »allzu unvermittelt in eins setzte«, wie es in der *Einleitung in die Musiksoziologie* heißt. Seine Analyse der Wagnerschen Blendereien sei virtuos, der ideologiekritische Zugriff auf dessen Werk ohne Beispiel, aber die Erfahrung, die der Analyse zugrunde lag, habe er nicht wirklich in die kompositorischen Zellen des Musikdramas hineintragen können. So sei seine an sich überlegene Kritik von einem reaktionären kulturpolitischen Verdikt ununterscheidbar geworden.

Trotz der Schärfe des Urteils in dieser Distanzierung, die man wohl auch als verschlüsselte Selbstkritik lesen muß, kann die Bedeutung Nietzsches für Adornos Musikphilosophie kaum hoch genug eingeschätzt werden. Seine späte Polemik gegen Wagner mag an diversen Extravaganzen leiden, Adorno nimmt sie gleichwohl als Paradebeispiel eines spekulativen Denkens auf, das eine Dimension der Erfahrung von Musik freilegt, die jenseits der Reichweite wissenschaftlicher Methoden liegt. Nur hängt für den Dialektiker alles davon ab, daß dieses Jenseits kein bloßes Jenseits bleibt, daß es zu der genuin musikalischen Kritik des Werks nicht von außen hinzutritt, sondern gleichsam den Bereich ausmißt, den sie aufdeckt. Die Dimension, welche die »transzendente Kritik« freilegt und die die Grenzen der Fachwissenschaft übersteigt, muß zugleich eine der Fachwissenschaft selbst sein, quasi ein Inbegriff der offenen Stellen, auf die sie stößt, und der Lücken, die sie selbst nicht mehr verständlich machen kann, aber zu verstehen doch als notwendig erkennt und fordert.

Gewiß ist das leichter gesagt als getan, aber an dieser Idee hat Adorno sein Leben lang gearbeitet. Viel spricht dafür, daß sie sein eigentliches Vermächtnis darstellt, seine fragilste und zugleich produktivste Intention, die Spur, die er in der Geschichte der Philosophie hinterlassen hat und die ihn über die Ästhetiker und Kunsttheoretiker seiner (und unserer) Zeit mächtig hinaushebt. Daß

er ihr häufig nicht gerecht geworden ist, hat er selbst nur allzu gut gewußt. Aber es kommt hierbei weniger auf Resultate und thetische Festlegungen an als auf die Denkbewegungen und Denkmöglichkeiten, die Adorno bereitstellt und die sich nicht zuletzt gegen ihn selbst wenden lassen.

Daß Widersprüche bleiben, ist nicht zu leugnen. Einige Schriften, wie die *Philosophie der neuen Musik* oder der *Mahler*, machen den Eindruck, als sei das Kunstwerk mit seinen Konflikten und Widersprüchen gleichsam für sich selbst, fensterlose Monade also und auf »soziologische« Kategorien eigentlich gar nicht angewiesen. Andere, zumal der *Versuch über Wagner*, erwecken umgekehrt den Anschein, als bräche die Dynamik der Gesellschaft direkt in das ästhetische Material ein, um dort ungehindert zur Ideologie verklärt zu werden. Manche Kritik scheint »zu immanent«, andere »zu transzendent«. Unstimmigkeiten dieses Gewichts aber sind Problemzentren, die man analysieren muß, keine Fehler, die sich monieren lassen.

So liegen die musiktheoretischen Mängel des Wagnerbuches gewiß ebenso auf der Hand wie seine soziologistischen Kinderkrankheiten. Gleichwohl treffen Adornos Analysen zur Instrumentationstechnik und musikalischen Zeitstruktur nicht minder ins Schwarze wie die These von der Verschränkung von Musikdrama und Kulturindustrie. Nur werden solche Einsichten im Text nicht wie auf einem Tablett serviert, der Interpret muß sie sich selbst erarbeiten und ihre Reichweite rekonstruktiv ausmessen. Adorno ist das zuzeiten nervtötende Gegenteil eines kommunikativen Autors, aber es gibt bei ihm Sätze von einer Tiefe der Einsicht, die, hat man sie einmal klar vor Augen, auf die Lektüre des gesamten Textes oder Buches ausstrahlen und diese gänzlich neu strukturieren lassen.

Eine andere Frage ist, wie sich das rationalisierungsgeschichtlich angeleitete Interesse Adornos am Komponieren zu seiner Ethik der Versenkung ins besondere Phänomen verhält, ob es sie ergänzt,

korrigiert oder am Ende mit ihr unvereinbar ist. In der Theorie des »musikalischen Materials« steckt die überaus legi-
time Frage, wie in actu verantwortbar
und geschichtlich bewußt komponiert
werden soll, wenn doch weder der pure
Markt noch das Naturgenie alles Recht
auf ihrer Seite haben können. Folgt daraus aber, daß es allein vom Entwick-
lungsniveau zeitgenössischen Kompo-
nierens her möglich sei, traditionelle
Werke zu rezipieren, die Frage nach der
Gegenwart Beethovens sich also letztlich
nur in einem neuen Werk beantworten
lasse?

Die *Philosophie der neuen Musik* scheint
dies zeitweilig jedenfalls zu meinen.
Aber im Nachlaßband über Beethoven
und mehr noch in den Fragmenten zur
Theorie der musikalischen Reproduktion nimmt Adorno fast ständig die Ge-
genposition ein. Völlig selbstverständlich beansprucht er einen Zugang zum
Gegenstand, der diesen von innen her zu
verstehen sucht, ohne sich solches Verständnis von einem wie immer gearteten
»Stand« der musikalischen Produktion
heute vorgeben zu lassen. Gewiß schöpft
er auch da aus dem Erfahrungsfundus,
den er seiner künstlerischen Zugehörig-
keit zur Wiener Schule verdankt. Aber
die Gegenwart Beethovens und anderer
Komponisten ist offenkundig keine
mehr, die sich mit einer überbietungs-
dynamisch konzipierten Theorie der Ma-
terial- und Technikentwicklung irgend
verrechnen ließe.

Die Überschreitungen, die das Modell
fordert, stehen zu der institutionellen
Realität quer, in die Philosophie, Musik
und Wissenschaft eingebunden sind. Vor
allem anderen erklärt dies die Schwierig-
keit, bündig zu sagen, was Adorno philosophisch in die Waagschale zu werfen
hatte. Mit keiner der Forderungen läßt
sich eine in actu wirkungsmächtige
Tendenz beschreiben. Trotzdem sind sie
da. Die Gegenwart Adornos ist eine, die
ihre Vergegenwärtigung noch vor sich
hat.

Erstens überschreitet sich Philosophie
auf Wissenschaft hin. Sie muß dies tun,
weil diese ihr in der modernen Welt je
schon zuvorkommt und sie selbst anders
von ihren eigenen Gegenständen nicht
mehr relevant zu reden vermag. Wissenschaftliche Forschung ist keine Hilfs-
disziplin, sondern ein Modus der Philosophie selbst. Der Vorzug der Musik ist
es, für das Recht dieser Einsicht eine besonders scharfe Aufmerksamkeit zu erzwingen. Auch wenn die Konsequenzen
daraus einstweilen noch nicht gezogen
sind.

Zweitens überschreitet sich Wissenschaft auf Philosophie hin. Diese kann
zwar jener nicht mehr den Grund legen.
Aber sie kann deren Erkenntnisse kritisch reflektieren und auf soziale Erfah-
rungsgehalte hin durchsichtig machen,
die fachwissenschaftlich nicht nur nicht
ausschöpfbar sind, sondern derart überhaupt nur negativ formuliert werden
können: als Grenze, Lücke, Leerstelle, als
Verweisung auf ein Anderes, als Chiffre
für »außermusikalische Bedeutungen«.
Das Besondere Adornos besteht darin,
noch diese Überschreitung zum Gesell-
schaftskomplex im weitesten Sinne an
die interne Dynamik der Kritik von
Werken zurückzubinden: wissenschaftliche Forschung *und* spekulatives Denken – in der Diskurslandschaft von heute
ein Fremdkörper par excellence.

Drittens überschreitet sich Philosophie auf bestimmte musikalische Werke
hin. Sie wird so nicht etwa selbst zur Musik, aber mit der Erfahrung des Werks
fängt sie mit sich selbst an. Musikphilosophie ist keine »angewandte« Ästhetik,
sondern originäres Medium eines philosophischen Denkens, das emphatisch an
Sachhaltigkeit orientiert ist. Ohne Auseinandersetzung mit besonderen Gegenständen ist es strenggenommen nicht
existent. Weder in den seit langem do-
minanten formalistischen Rekursen auf
Kant noch in Ästhetiken, in denen die
Theorie der Weltwahrnehmung ohnehin
die Oberhand gewonnen hat über die
Theorie der Kunst, spielt dieser Ansatz
eine Rolle. Andererseits erweisen sich im
Vergleich zu ihm schon Heidegger und
Gadamer, wo sie genauer von einzelnen

Werken zu sprechen suchen, als inhalts-fixiert und arm an genuin künstlerischer Erfahrung.

Adorno als »reinen« Philosophen zu begreifen, tut ihm ein Unrecht an. Weder mit Wittgensteins Sprachspiel-beschreibungen noch mit Heideggers Kunst, Texte der philosophischen Tradition für die Gegenwart neu zu erschließen, kann er im Ernst mithalten. Trotzdem geben jene Mandarine, für die er kein »richtiger« Philosoph ist, weil sein Abendgebet nicht immerzu um »Platon und Aristoteles« kreist, eine eher schlechte Figur ab. Warum? Weil ihrer habituellen Apologie des Universitätslebens entgeht, wie bei Adorno all seinen Schwächen zum Trotz ein »Weltbegriff« von Philosophie Konturen gewinnt, der

nicht nur die künstlerische Erfahrung so gewichtig nimmt wie die wissenschaftliche Analytik, sondern mit Hilfe beider auf die »alten« Fragen des Abendlandes zurückzukommen sucht, indem er diese mit den Erfahrungen der Gegenwart so zündend wie verändernd zusammentreffen läßt.

Wie hätte sein Denken sonst eine philosophische Wirkungsgeschichte überhaupt haben können? Im 20. Jahrhundert ist Adorno der alteuropäische Philosoph, der vorzugsweise mit nichtphilosophischen Mitteln an nichtphilosophischen Gegenständen philosophiert. Die Beschäftigung mit seinen Schriften zur Musik macht nur Sinn, wenn sie zeigen kann, warum das so ist und was es mit ihnen zu tun hat.

## Strenge Schule

### Noam Chomskys linguistische Gottesbeweise und politische Teufelsaustreibungen

Von Thomas Steinfeld

In seinem Roman *Der Meister und Margarita* aus dem Jahr 1940 schildert Michail Bulgakow, wie der Teufel nach Moskau kam, um eine geistige Revolution zu veranstalten und unter den zahllosen Heuchlern, neugierigen Vermietern und mittelmäßigen Schriftstellern aufzuräumen. Etwa zur gleichen Zeit schlich ein Knabe durch die Innenstadt von Philadelphia. Er eilte zur Schule und von dort wieder nach Hause, immer auf demselben Weg, immer so, daß möglichst viele Erwachsene ihn sehen konnten. Er fürchtete, daß die anderen Jungen, die bösartigen Klassenkameraden und die kleinen, großmäuligen Helden vom Sportplatz, ihn überfielen und quälten, ihn, das Einwandererkind, den kleinen Juden, den komischen Russen.

Seine Biographen behaupten heute, daß in diesen Demütigungen der Grund

für ein radikales politisches Engagement gelegt wurde, dessen Beginn offiziell auf einen Aufsatz datiert wird, den der zehnjährige Noam Chomsky in der Zeitung seiner Schule veröffentlichte. Der Teufel, den Bulgakow nach Moskau geschickt hatte, wäre mit solchen Bösewichten sofort zurechtgekommen, mit Ohrfeigen, die deren Mützen geradewegs in den Toilettenstuhl befördert hätten.

Doch der kleine Junge – der Sohn des Philologen und Hebräischlehrers William oder Zev Chomsky, der im Jahr 1913 die Ukraine verließ, weil er in die Armee des Zaren eingezogen werden sollte – der kleine Junge wuchs heran, ging auf die Central High School in Philadelphia und studierte Sprachwissenschaften, Mathematik und Philosophie an der University of Pennsylvania und an der Harvard University. Als im Jahr

1957 das erste Buch erschien, machte es seinen Autor mit einem Schlag berühmt. In *Syntactic Structures* legte Noam Chomsky den Grund für seine Theorie, daß alle Sprachen auf derselben Struktur gründeten, daß der große Plan existiere und daß es nur eines kleinen Anstoßes bedürfe, damit geschehe, was von Anbeginn geschehen sollte: »What we ›know‹, must be something deeper – a grammar – that makes an infinite variety of sentences possible.«

Die neue Lehre wurde zu einer Revolution in den Geisteswissenschaften, und nicht nur dort, denn eigentlich war das Ziel noch weiter gesteckt: Wenn es je einen empirischen Beleg für die Triftigkeit dieser Theorie gäbe – ja, dann hätte man tatsächlich den Stoff allen Geistes in der Hand.

Ein Teil aller Wissenschaft, wie auch ein Teil aller kulturellen Ereignisse, wird immer der Phantasie zugehören. Ohne eine gewisse Bereitschaft zur Übertreibung, ohne ein gewisses hysterisches Potential scheinen auf diesen Gebieten keine bedeutenderen Ereignisse zustande zu kommen, und ein gewisser Realitätsverlust vermag große Konsequenzen für ebendiese Realität nach sich zu ziehen. Doch nie – und auch nie wieder – entwickelte die akademische Welt so viele und so umfassende Phantasien wie in den Geisteswissenschaften von Mitte der fünfziger bis Mitte der achtziger Jahre. Diese drei Dezennien waren die Periode der Methoden, und mit jeder neuen Methode verband sich ein Versprechen zukünftiger Großtaten, die schon bald Wirklichkeit werden sollten, wenn es nur genügend Gelder, Lehrstühle und Konferenzen dafür gäbe, und völlig gleichgültig, ob es dabei um emanzipatorische Erziehung, die Prinzipien des Poetischen oder die kybernetische Weltformel gehen sollte.

Doch hinter den Versprechungen verbarg sich Panik. Denn die Methoden blühten auf, als sich die Geisteswissenschaften zum ersten Mal seit ihrer Entstehung im frühen 19. Jahrhundert ernsthaft bedroht sahen. Es schien ihnen an Objektivität zu fehlen, an praktischer Bedeutung für den gesellschaftlichen Fortschritt, sie waren offenbar schlicht nicht mehr nützlich. Die Methodologisierung war die Antwort der Geisteswissenschaften auf diese Herausforderung. Und keine Disziplin ging dabei so radikal vor wie die Philologie, die alte, nunmehr schon ziemlich runzlige Königin der humanistischen Universität. Sie tat, was sie in ihrer Geschichte schon mehrfach getan hatte: Sie spaltete sich und bildete eine neue Disziplin, die allgemeine Sprachwissenschaft oder Linguistik, und dieses neue Fach sagte sich sofort von den elementaren Beweggründen seiner Mutterdisziplin los: der Liebe zur Literatur und dem Respekt vor der Kulturgeschichte.

Noam Chomskys Entwurf einer neuen Wissenschaft übertraf die meisten anderen Versuche dieser Art. Er schien nicht nur mathematischen Ansprüchen an Formalisierung zu genügen, an Exaktheit und Vollständigkeit, sondern war sogar als ebenso weltumfassendes wie geschlossenes System angelegt. Noch heute behauptet sich seine Lehre mit imponierendem Erfolg als eine Geisteswissenschaft, der es gelang, die Grenze zu den Naturwissenschaften zu überwinden.

Immer noch scheint die generative Schule in der Linguistik zu besitzen, wonach die Soziologie mit ihren statistischen Untersuchungen, wonach die analytische Philosophie mit ihren Wahrheitskriterien, wonach die Geschichtswissenschaft mit all ihren guten Kontakten zur Staatsverwaltung und zur Politik vergeblich strebt: nicht mehr auf dem schwankenden, brüchigen, durchgefaulten Boden der Geisteswissenschaften stehen zu müssen, dem Verdacht des Willkürlichen und Subjektiven zu entgehen, nicht mehr behandelt zu werden als bessere, sozial verträgliche Art des Verrücktseins.

Als Noam Chomsky in den fünfziger Jahren seine Theorie vom allgemeinen, tiefen, aber verborgenen Grund aller Sprache entwickelte, vom Grund, der

seinen eigenen Aufstieg an die Oberflä-
che hervorbringt, setzte er sich in Widerspruch zu einer Denkungsart, die zu jener Zeit die Geisteswissenschaften in den
Vereinigten Staaten fast vollständig beherrschte: zum sogenannten Positivismus, der Überzeugung, daß alles, was
wahr sein soll, sich empirisch belegen
lassen müsse, und zwar am besten in Gestalt eines Experiments oder einer Feld-
forschung. Und gewiß übertrifft Noam
Chomskys an mathematischen Modellen
orientierte Theorie, wenigstens solange
es um die englische Sprache geht, alle anderen grammatischen Klassifikations-
lehren im Hinblick auf Genauigkeit und
Verifikation. Doch das Fundament dieser Lehre läßt sich weder induktiv noch
deduktiv herleiten – die »innate structures«, die Strukturen, die in jeden Menschen hineingeboren, die eine Art DNS
der Vernunft und allen Sprachen gemein
sein sollen, sind schlicht eine Setzung.
Und ein Wiedergänger aus der idealistischen Tradition.

Als Immanuel Kant vor zweihundert
Jahren den Ursprung der Vernunft zu erklären suchte, den Funken, an dem sich
das Feuerwerk der Gedanken entzündet,
sprach er über die »Erkenntnis a priori«.
Auch er vermochte für deren Existenz
keinen immanenten Grund anzuführen.
Statt dessen leitete er seinen Schluß aus
einer Art Wahrscheinlichkeit ab. Die
Vernunft sei Eigentum eines jeden Menschen, erläuterte er, und auch wenn wir
nicht wissen, woher sie kommt, so können wir doch festhalten, daß sie allen
Menschen in ungefähr gleichem Maße
zugehört. Es ist genau dieses Argument,
das bei Chomsky wiederkehrt: Er verweist darauf, daß fast alle Kinder in ungefähr derselben Zeit und in ungefähr
denselben Schritten lernen, unabhängig
davon, ob es sich dabei um Englisch,
Hopi oder Chinesisch handelt.

»Er hat alle fünf Gottesbeweise restlos
zerschlagen«, lacht der Teufel in *Der
Meister und Margarita* über Kant, »hat
aber dann, als ob er sich selbst verspotten
wollte, einen eigenen sechsten Gottesbe-
weis aufgestellt.« Und könnte man nicht

über Chomskys »innate structures« in
gleicher Weise herziehen? Denn die
ideale, universale Sprache jenseits aller
vorhandenen Sprachen ist ein Widerspruch in sich selbst: die Behauptung
eines abstrakten formellen Objekts, das
getrennt von seiner eigenen Verwirklichung Bestand haben soll. Und diese
Vorstellung geht über den Idealismus in
das Spätmittelalter zurück, bis hin zur
Vorstellung, die Welt sei eine Verwirklichung – *explicatio* – von Gott selbst. Dieses theologische Erbe hat übrigens zur
Folge, daß Chomskys Sprachlehre heute
die einzige wissenschaftliche Theorie ist,
die einen kategorialen Unterschied zwischen Mensch und Tier setzt.

Doch auch die Forderung, eine
Sprachwissenschaft habe nach den Maß-
stäben mathematischer Exaktheit zu
arbeiten, mag eine Unvernunft sein,
die eine höhere Vernunft zur Folge hat.
Noam Chomskys Sprachlehre, so idealistisch oder theologisch fundiert sie sein
mag, hatte für die Linguistik weitreichende Konsequenzen – und hat sie immer noch. Diese Disziplin ist tatsächlich
exakter geworden, und viele Eigenheiten
der Sprache, vor allem im Hinblick auf
die Unterscheidung von Oberflächen-
struktur und Tiefenstruktur, die Differenz zwischen der grammatikalischen
Form und der logischen Funktion, wären
vermutlich nie so eingehend untersucht
worden, hätte dieser Zwang zur Formalisierung nicht bestanden.

Vor allem die Computerlinguistik hat
Nutzen aus dieser Genauigkeit gezogen,
auch wenn sie immer bedeutet hat, daß
weite Bereiche der Sprache kaum er-
schlossen blieben: Chomskys Theorie ist,
trotz unzähliger Versuche mit einem
großen Apparat von Regeln und Vor-
schriften, nie mit der Ausdrucksform der
Sprache zurechtgekommen, mit der
Phraseologie, mit rhetorischen Formen,
ganz abgesehen davon, daß der Satz stets
die äußerste Grenze der Lehre bildete.
Sie übersetzt Sprache in eine Fähigkeit,
trennt so den Gegenstand von seinem
Gebrauch und erhält schließlich eine
»Kompetenz«, die ein Faktor ihrer eige-

nen Betätigung sein soll. Und weiß also immer noch nicht, warum einer wie etwas sagt.

Der Teufel, der Systematiker, der Stratege – das Wesen, das auch Professor Voland heißt – kommt nicht allein nach Moskau. Der feine Herr im grauen Anzug tritt in Begleitung eines großen, dünnen Kerls im karierten Jackett auf. Auf der Nase trägt er manchmal eine Brille mit gesprungenen Gläsern. Wenn der Teufel denkt, dann schimpft dieser Kerl, wenn der Professor erzählt, dann schlägt er zu, wenn der Philosoph grübelt, treibt er Schabernack. Es sind aber nicht Theorie und Praxis, die da nebeneinander durch Moskau ziehen, sondern Wahrheit und Recht – zwei komplementäre Anstrengungen also, den ethischen Großputz in der sowjetischen Hauptstadt voranzutreiben. Die beiden gehören zusammen wie Herr und Knecht, und verwechseln würde man die beiden nicht.

Wenn man heute von Noam Chomsky spricht, scheint auch dieser in zwei Gestalten aufzutreten, die nicht sonderlich viel miteinander zu tun haben: Manche schätzen, ja verehren den Sprachwissenschaftler mit der leisen Stimme und den verschlissenen Pullovern, aber der politische Aktivist ist ihnen nicht geheuer. Für die meisten anderen gilt das Umgekehrte: Sie bewundern den rastlosen Kämpfer an allen Fronten der Weltpolitik, wollen jedoch nicht einmal wissen, woher dessen Weltruhm eigentlich stammt.

Dieses politische Engagement, eine lange Reihe von Büchern, viele Fernsehauftritte, ein abendfüllender Dokumentarfilm aus dem Jahr 1993 und unzählige öffentliche Auftritte haben Noam Chomsky auch weit außerhalb der Linguistik zu einem Prominenten gemacht. Und auch hier gibt es ein Motiv, das die beiden Gestalten fest aneinander bindet: ihre Radikalität, ihr nicht zu erschütternder Glaube an das allen Menschen von vornherein Mitgegebene, ihr rücksichtsloser Idealismus.

Es ist sehr selten geworden, daß eine akademische Theorie Anspruch auf exklusive Gültigkeit erhebt. Die Methodologisierung der Geisteswissenschaften hat auch zu einer durchgreifenden Demokratisierung der einzelnen Schulen und Disziplinen in ihrem Verhältnis zueinander geführt. Sie verstehen sich als Aspekte eines größeren Zusammenhangs, und auch wenn sie zuerst radikal aufgetreten waren, so wurde ihre Aggressivität doch bald durch die liberale, pragmatische Gesinnung aufgelöst, die heute an allen westlichen Universitäten herrscht.

Diese Entwicklung hatte weitreichende Konsequenzen vor allem für die europäischen Theorien, die im ausgehenden 19. und frühen 20. Jahrhundert entstanden waren, von der Psychoanalyse über die Kybernetik bis zum Strukturalismus. Die institutionelle Karriere dieser Theorien folgt daher immer wieder einem ähnlichen Muster: Solange sie sich nur in Europa aufhalten, sind sie mehr oder minder totalitär, ja sogar esoterisch. Dann ziehen sie in die Vereinigten Staaten, wo ihre großen philosophischen Systeme anfangs noch wie Höllenmaschinen unter den langen Emigrantenmänteln ticken, doch alsbald verwandeln sich die starken Theorien in harmloses Expertenwissen und werden zu intellektuellen Bewegungen. Am Ende verlieren sie dann ihre Exklusivität und ihre Kraft, indem sie beginnen, sich selbst zu historisieren.

Der Versuch der Geisteswissenschaften, die Naturwissenschaften oder wenigstens die Ingenieurwissenschaften nachzuahmen, endete in einer langen Reihe von gebrochenen Versprechen. Die Kybernetik gibt es fast nicht mehr, und ihre frühen Protagonisten, Norbert Wiener oder John von Neumann, haben ihre Sachen von der große Bühne der Zukunftswissenschaften holen und in die Requisite umziehen müssen. Die Künstliche Intelligenz, ein gemeinsames Projekt der Kommunikationstheorie, der Informationstechnik und der Sprachwissenschaft, heißt zwar immer noch so, aber jeder Beteiligte weiß, daß noch das beste Ergebnis nie etwas mit Intelligenz zu tun haben wird. Der Strukturalismus gehört mittlerweile zu den ausgesprochen strukturschwachen Gebieten, und im Staub der Straßen tanzen die nihilistischen Mäuse der Wissenschaftsgeschichte. Doch Chomskys Lehre, so weltumgreifend, wie sie ist, lebte in all diesen Jahren fort, wenn auch zunehmend auf die eigene Disziplin begrenzt. Sogar den Sturz der Geisteswissenschaften von Weltanschauung zu Expertenwissen hat sie als Großtheorie überstanden.

Noam Chomskys Lehre ist nie eine Wissenschaft für alle gewesen, von Anfang an gründete sie auf ein schon als Gedächtnisleistung sehr anspruchsvolles und also exklusives Wissen. Als sie sich in der westlichen Welt verbreitete und die Epigonen die Mehrzahl der Professuren für Linguistik eroberten, geschah dies mit ständiger Unterstützung und Kontrolle durch die Theoriezentrale. Noch heute gleicht die Arbeitstechnik der Transformationsgrammatik in den Institutionen der einer Kaderorganisation, und sie kämpft, wie nur Anwälte der letzten Wahrheit zu kämpfen vermögen: gegen konkurrierende Schulen wie den Positivismus und gegen Abweichler aus den eigenen Reihen wie die generative Semantik, und jedes Mal wird der Kampf mit einer Heftigkeit geführt, als ginge es nicht darum, den Gegner zu überzeugen, sondern ihn zu vernichten. »Auch war die Schulbildung in der Linguistik bisher noch nie so streng wie bei den Anhängern dieser neuen Religion«, beschwerte sich Harald Weinrich schon im Jahr 1967, »man ist Generativer, oder man ist es nicht.«

Und der Fortbestand der Organisation wird wie in einem Kader gesichert: Jedes zweite oder dritte Jahr wird die Theorie einer Totalrenovierung unterworfen, die alle Epigonen dazu zwingt, ihre Augen der Zentrale zuzuwenden. Alle zehn oder fünfzehn Jahre wird der gesamte Theoriebestand über den Haufen geworfen wie im Jahr 1981, als Chomsky *Principles and Parameters* veröffentlichte und alle grammatischen Beschreibungen durch ein Register von Entscheidungsmöglichkeiten ersetzte. Oder Ende der neunziger Jahre, als er ein sogenanntes minimalistisches Programm vorstellte, um zu zeigen, daß die meisten grammatischen Erklärungen unnötig und überflüssig sind. Jede neue Wendung der Theorie ist mit einem Verlust verbunden, sei es in der Zahl der Anhänger oder in der Größe der wissenschaftspolitischen Bedeutung, jedes Mal wird die Stellung der Lehre in den Geisteswissenschaften geschwächt – doch noch gibt es sie, und immer noch ist der Kader der Transformationsgrammatik völlig taub gegenüber seinen Kritikern.

Zur selben Zeit und im selben Maße, wie die Bedeutung der linguistischen Theorie schrumpfte, wuchs Chomskys öffentliche Geltung als oppositioneller Denker. Seit dem Jahr 1969, als er das Buch *American Power and the New Mandarin* publizierte, engagiert er sich politisch, als unermüdlicher Autor, Redner und Demonstrant für Frieden und Gewaltlosigkeit und gegen den Kapitalismus und die Vereinigten Staaten. In diesem Buch, das – wie die vielen anderen, die folgten – eine lose Sammlung von Vorträgen und Aufsätzen ist, beschuldigt er die amerikanische »Elite«, sich freiwillig einer Hirnwäsche unterzogen zu haben, um die tiefe Unmoral des Vietnamkrieges nicht sehen zu müssen.

Seitdem hat Chomsky wohl keine weltpolitische Gelegenheit mehr ausgelassen, und so schlicht und so wenig durchdacht seine Ansichten manchmal auch sein mögen, so erstaunlich ist die Wirkung, die er jedes Mal durch die schiere Menge des Materials erreicht, das er in intensiver Zeitungslektüre gesammelt hat. Kein politischer Mord in Osttimor, keine verborgene Finanzierung einer schiitischen Widerstandsgruppe, kein Treffen brasilianischer Bischöfe, die sich Sorgen um die Pressefreiheit machen, entgeht seiner Aufmerksamkeit, und stets legt er einen genauen Plan für einen halbwegs angemessenen Zeitraum vor – nur daß es dieses Mal nicht um den eigenen Plan, sondern um einen Plan der Weltherrscher geht.

Chomsky bezeichnet sich selbst als »Anarchisten« und sagt, zu einem solchen sei er schon als Jugendlicher geworden. »Anarchist« bedeutet hier nicht nur Widerstand gegen den Nationalstaat und seine Institutionen, gegen das Kapital vor allem in Gestalt der großen Firmen, gegen den Imperialismus und die Abhängigkeit der Medien von Unternehmen und politischen Parteien. »Anarchist« bedeutet hier vor allem die Abwesenheit einer expliziten politischen Theorie. Chomsky ist ein moderner Jakobiner: Er weigert sich, einzelne Motive zu diskutieren, von Absichten zu sprechen oder sogar von Personen, er ist nicht interessiert an Individuen, an deren Kultur, Geschichte oder Erfahrung – denn alles, was die Geschehnisse vorantreibt, soll in die Struktur der Institutionen eingeschrieben sein, der sie zugehören.

Deswegen gibt es auch keine differierenden Meinungen, unterschiedlichen Auffassungen oder Anschauungen, es gibt nur Wahrheit und Lüge, richtig und falsch. Deswegen ähneln sich Chomskys politische Bücher so sehr, deswegen sind sie Kataloge schlimmer Ereignisse, deswegen liebt er Wörter wie »atrocity«, »murder« oder »massacre«. Seine Aufsätze gehorchen der Logik der Litanei, und die Litanei wiederholt immer wieder denselben Gedanken: Skandal, Skandal, Skandal.

Nur selten liest man etwas Erstaunliches in diesen Artikeln. Die meisten geben politischen Vorstellungen Ausdruck, die in der alten Linken zu Hause sind und noch immer durch die Feuilletons spuken, durch akademische Institutionen oder sozialdemokratische Jugendverbände. »Aus der gesellschaftlichen Verteilung von Ressourcen und Entscheidungsbefugnissen folgt u.a., daß die politische Klasse und die Kulturverwalter sich mit den die Privatwirtschaft beherrschenden Eliten zusammentun.«

Gewiß hat die systematische Skandalisierung der Politik zur Folge, daß

Chomsky gerne übertreibt – wenn er zum Beispiel behauptet, es sei der eigentliche Zweck der Vereinigten Staaten, Minimaleinheiten aus jeweils einem Menschen und einem Fernsehapparat zu schaffen. Oder wenn er die zwei Millionen Menschen, die in Kambodscha infolge des Terrors der Roten Khmer starben, auf ein paar tausend Exekutionen reduziert, die zum Teil nur deshalb ausgeführt wurden, weil die Amerikaner das Land auszuhungern versuchten. Oder wenn er in *Media Control*, seinem jüngsten Buch, Kurse in intellektueller Selbstverteidigung fordert, so daß echte Demokraten sich gegen Manipulationen und Hirnkontrolle zur Wehr setzen könnten.

Aber es sind nicht die Übertreibungen, die Chomsky zu einem so zweifelhaften politischen Denker machen – es ist der Bedarf an Skandalen. Denn auch unter diesem Bedarf liegt eine Tiefenstruktur: der idealistische, den alten Kant radikal übertreffende Glaube an eine im Prinzip wohlorganisierte Welt, in der jede Abweichung eine Fälschung sein muß, die berichtigt gehört. Weil die andere Seite des Skandals der ewige Frieden ist, eine universale Grammatik des Politischen, die durch den schlechten Charakter der Politik und des Kapitals systematisch verzerrt wird.

Wenn Noam Chomsky auch ohne Unterstützung der großen westlichen Medien eine so ungeheure Popularität genießt, dann beruht dieser Erfolg also nicht nur darauf, daß er der einzige Amerikaner wäre, der in solcher Heftigkeit der neuen Weltordnung widerspräche. Sondern eher darauf, daß er ein fast alteuropäischer Fundamentalist ist, der sich als amerikanischer Wanderprediger nur verkleidet hat. Er ist mehr als ein europäischer Amerikaner – das sind auch Judith Butler oder Michael Walzer oder Susan Sontag –, er ist ein amerikanischer Dissident: ein Dissident in einem Gefängnis, das nicht aus Mauern und Eisen besteht, sondern aus einem satanischen, mehr oder minder zentralgesteuerten Einverständnis zwischen Politik und Kapital. Mit gutem Grund hat ihn daher der israelische Philosoph Avishai Margalit einen »Buchhalter des Teufels« genannt. Denn das bedeutet auch: ein Sendbote, ein Wiedergänger aus einer verschwundenen Welt, in der System und Wahrheit noch als Ehrenzeichen galten.

Professor Voland, der Teufel, der Stratege und Meister der geistigen Erneuerung der Welt, hat einen weiteren Gefährten: eine schwarze Katze, so groß wie ein Eber. Die Katze ist der unheilige Geist, der seine beiden Begleiter zusammenhält. Und auch Chomsky hat eine solche Katze neben sich – oder besser: in sich – laufen. Diese Katze ist der Ruhm, die Anerkennung, die internationale Reputation. Kein lebender Autor wird häufiger zitiert als er, auf der ewigen Zitierliste steht er auf dem achten Platz, nach Freud, aber vor Hegel oder Cicero. Er tritt sogar in Liedtexten oder auf Platten-

covers von Rockgruppen wie Pearl Jam oder Bad Religion auf. Dieser Ruhm ist von einer sehr modernen Art: Er ist horizontal gewachsen und konnte überhaupt erst auf die Weise gedeihen, weil Prominenz heute ein System in sich selbst bildet, in dem man den in einem Bereich entstandenen Ruhm auf einen anderen Bereich übertragen kann, ohne daß deswegen die jeweilige Kompetenz in Frage gestellt würde.

Noam Chomsky mag ein Partisan sein, aber wenn er es ist, so sind seine Privilegien groß. Es ist der Ruhm, der ihn schützt und befördert. Und mehr, als daß man aus diesem Ruhm etwas über Grammatik oder Anarchismus erführe, erzählt dieser Ruhm eine ebenso einfache wie rührende Geschichte: wie einer der berühmtesten Wissenschaftler der Welt die bürgerliche Geborgenheit verläßt, in ein Paar alte Sportschuhe schlüpft und die Welt mit seinen schrägen Ansichten verblüfft.

# Der Kadaver von Berlin

## Ursula von Kardorff und ihre anonyme Zeitgenossin

Von Thomas Sparr

Als ich zwölf oder dreizehn war, schenkte meine Mutter mir Ursula von Kardorffs *Berliner Aufzeichnungen*, ein Tagebuch vom Leben und Überleben im Bombenkrieg.[1] Verfaßt hatte es eine prononcierte Journalistin, feinfühlig und urteilssicher, temperamentvoll und nachdenklich, erschrocken und doch fähig, den durchlebten Schrecken in Worte zu bannen. Ursula von Kardorff erzählt die Geschichte einer Generation, ihrer Generation von Frauen, die als Dreißig- bis Vierzigjährige den Krieg erlebten.

Wer in den sechziger Jahren heranwuchs, für den berichtete Ursula von Kardorff von einer fernen Nähe, einer eigentümlich raumgewordenen Geschichte, deren Spuren man auf Schritt und Tritt wahrnahm. Es gab Trümmergrundstücke, hier und da Blindgänger, beschädigte Häuser, leerstehende Bunker, eine wunderliche Nachbarin, die verschüttet gewesen war, und manchmal ertönten bei Luftschutzübungen Sirenen. Dann erzählten die Erwachsenen von dem, was sie mit den Sirenen verbinden, von dem

---

[1]  Ursula von Kardorff, *Berliner Aufzeichnungen 1942–1945*. München: Biederstein 1962.

Sausen, dem Krachen, Wackeln und Scheppern im Bunker, von dem Zugwind, dem Drahtfunk, von den gezählten Einschlägen, der geschätzten Entfernung der Bomberverbände, dem Typus der abgeworfenen Bomben, den Scheinwerfern der Flak.

Vom 18. November bis 3. Dezember 1943, in gerade einmal zwei Wochen, entlud die britische Luftwaffe in fünf Angriffswellen eine Bombenlast von über 8500 Tonnen Sprengkraft auf die Reichshauptstadt. 2700 Menschen kamen dabei ums Leben, fast 70 000 Wohnungen wurden zerstört, eine Viertelmillion Menschen obdachlos. Und diese Zerstörungen waren noch geringer als das, was die Operation »Gomorrha« im Juli in Hamburg angerichtet hatte. Von einem Berliner Dach aus, so die Chronistin, habe man in weiter Ferne den Feuerschein der brennenden Hansestadt gesehen, in der sich der Rauch tagelang nicht mehr verziehen sollte.

Der Bombenkrieg sei ein bislang tabuisiertes Thema, so diskutiert die Öffentlichkeit seit Erscheinen von Jörg Friedrichs *Der Brand*, von der deutschen Gesellschaft beschwiegen und verschwiegen. Aber stimmt das wirklich? Und wer hat was tabuisiert? Um die Antwort vorwegzunehmen: Das Tabu lastete allenfalls auf der Geschichtswissenschaft, die Quellen ins Zentrum ihrer Arbeit stellt, aber manche davon gar nicht aufspürt und sich dann wundert, wenn sie wie aus eigener Macht aufbrechen. Das Buch von Anthony Beevor zeigte dies im vergangenen Jahr und ein Sammelband von Lothar Kettenacker.[2] Pars pro toto gilt das nicht. Publizistisch hat man sich dem Bombenkrieg anders gestellt, wie auch die Wirkungsgeschichte der *Berliner Aufzeichnungen* zeigt.

Die Autorin war 1911 in ein preußisch-bürgerliches Elternhaus hineingeboren, von unverkennbar berlinischem

Schlag. Der Vater Konrad, ein bekannter Porträt- und Landschaftsmaler, hatte als Professor an der Grunewalder Schule für Kunsterziehung unterrichtet und war ein Freund von Max Liebermann, die Mutter fertigte in einem Atelier Stoffe und Accessoires und schrieb Glossen für Magazine. Das elterliche Haus bot einen Salon, in dem die Tochter den Größen der Weimarer Republik begegnete, Alfred Kerr und Samuel Fischer, Politikern und Journalisten.

Das aufgeweckte Mädchen verließ die Schule mit der mittleren Reife, nahm Stenographiekurse, gab Nachhilfeunterricht und genoß das Berliner Leben der späten zwanziger Jahre in vollen Zügen – halb erschrocken, halb sich selbst beruhigend sah sie den »politischen Unfug«, wie die jüdischen Geschäfte am 1. April 1933 boykottiert wurden. Max Liebermann wurde aus der Akademie der Künste ausgeschlossen. Konrad von Kardorff verlor 1934 seine Anstellung, weil er den neuen Machthabern nicht genehm war.

Ursula von Kardorff lebte zwischen trotziger Anpassung und leisem Widerstehen. Sie wurde 1937 Sekretärin auf Schloß Neuhardenberg und entdeckte in der Abgeschiedenheit ihre journalistische Ader, schrieb erste Artikel für das NS-Blatt *Der Angriff*, bei dem sie zufällig gelandet war, Feuilletons über die aktuelle Mode, Causerien und Glossen. Im November 1937 trat sie im Haus der Presse die »Schriftleiterprüfung« an, bei der das Nicht-Parteimitglied die gestrenge Kommission dadurch überraschte, daß sie die Namen aller Gefallenen von Hitlers Putsch vom November 1923 wußte. Nach einem Volontariat fand sie eine Anstellung bei der *Deutschen Allgemeinen Zeitung*.

Auch nach dem Krieg rühmte die Journalistin immer wieder das im Grunde liberale Klima im Feuilleton dieser zunehmend gleichgeschalteten Zeitung,

2    Anthony Beevor, *Berlin 1945. Das Ende*. München: Bertelsmann 2002; Lothar Kettenacker (Hrsg.), *Ein Volk von Opfern? Die neue Debatte um den Bombenkrieg 1940–45*. Berlin: Rowohlt 2003.

in dem sie, wie sie selbstironisch anmerkt, ein Dauerabonnement aufs Abfassen von »harmlosen Plaudereien« hatte. Mit Kriegsausbruch war es mit der Harmlosigkeit indessen vorbei. Nun waren Reportagen über Fabrikarbeiterinnen oder freiwillige Flakhelferinnen gefragt, Berichte von der bedrohlich wachsenden »Heimatfront«, der Feldpost, den reglementierten Vergnügungen. An der Reihe ihrer Artikel könnte man die Grundzüge des Feuilletons nach 1933 beschreiben.

Die *Berliner Aufzeichnungen* beginnen am 28. Oktober 1942: »Wurde geweckt mit der Nachricht: Jürgen kommt heute abend.« Drei Monate später starb der geliebte, sieben Jahre jüngere Bruder in Rußland, ein Verlust, den die Autorin auch später kaum verwunden hat. In Gedanken kehrt sie wieder und wieder zu ihrem Bruder zurück.

Temperamentvoll und heiter, selbstbewußt und dabei stilbesonnen muß Ursula von Kardorff sein. »Ich fühle eine wilde Vitalität, gemischt mit Trotz, in mir wachsen, das Gegenteil von Resignation«, so notiert sie im Februar 1944 einen Grundton ihrer Aufzeichnungen, die von der Sehnsucht nach den Vergnügungen, von langen Abenden und Gelagen nach den Bombenangriffen berichten, »bis zum Bersten mit Vitalität und Heiterkeit angefüllt«, wie es an anderer Stelle heißt: »Eigentlich furchtbar, dieses Gefühl ... durch eine Mauer von allem Schrecklichem abgesperrt zu sein. So als ginge nichts mich wirklich an.«

Dieses Buch zeichnet sich durch eine vollkommene Abwesenheit von Selbstmitleid aus. Es ist eine Hommage an die Berliner jener Jahre, die ihre zerbombten Wohnungen mit abgebrochenen Fassaden »durchgepustet« finden oder mit der ihnen eigenen Schnoddrigkeit in »Sperlingslust« umtaufen, ja bei manchen Anekdoten weiß man nicht, ob sie der Realität entsprechen oder sich dem Mythos verdanken, wie jene Geschichte vom Arbeiter, der aufsteht, als eine Jüdin mit dem gelben Stern in die Straßenbahn einsteigt: »›Setz dir hin, olle Stern-

schnuppe.‹ Worauf sich ein PG, also ein Parteigenosse, beschwert, und der Arbeiter ihm erwidert: ›Über meenen Arsch verfüje ick alleene.‹«

Von den zahllosen Bombennächten berichtet Ursula von Kardorff, von der zerstörten elterlichen Wohnung, ihrer kleinen Wohnung am Pariser Platz, davon, daß der Schlaf zum kostbarsten Gut wird, von der wachsenden Zahl toter Freunde und von einem Sommertag in Neuhardenberg: »War heute mit dem Hausherrn auf der Kanzel im Wald. Wir redeten so viel, daß sich ringsum kein Wild blicken ließ. Er war ganz offen. Schilderte mir die unbeschreiblichen Greuel im Osten. Wie man die Juden vor Massengräbern erschossen hat.« Carl Hans Graf von Hardenberg war 1941 vom Flugzeug aus Augenzeuge geworden, wie eine lettische SS-Einheit in Weißrußland mehrere tausend Ghettoinsassen zusammentrieb und ermordete.

Ursula von Kardorff hatte Verbindung zu Männern und Frauen des 20. Juli, zu Fritz-Dietlof Graf von der Schulenburg, zur Familie Stauffenberg und zur Frau von Julius Leber. Nach dem 20. Juli 1944 vergrub sie Aufzeichnungen im Garten einer Lübecker Freundin und entkam bei den Verhören mit einigem Glück den Fängen der Gestapo.

Doch neben dem Schrecken, inmitten der Ruinen gibt es auch ein Idyll, das die Autorin im Sommer 1944 zu beschreiben weiß: »Sitze an den warmen Abenden, wenn Freunde kommen, oft mit ihnen auf dem Dach, das ganz flach ist. Einige Bänke stehen dort, staubbedeckt. Die kriegerischen Dachfiguren sehen, wenn sie uns sozusagen den Rücken kehren, ganz friedlich aus. Die Quadriga auf dem Brandenburger Tor leuchtet in der untergehenden Sonne. Rundherum schweift der Blick über ausgebrannte Dächer und Dachböden, im grünen Feld des Tiergartens, den das Band der Charlottenburger Chaussee durchschneidet, steht die dunkelgestrichene Siegesgöttin auf ihrer Säule.«

Die Freunde und Weggefährten, »E« an der Ostfront – später erfährt man, daß es sich um Eberhard Fürst von Urach handelt – oder die wunderbare Freundin »Bärchen«, der Bruder Klaus, seine Frau Uta, Jürgen Schüddekopf, sie alle wuchsen dem jugendlichen Leser ans Herz, mit ihnen schloß ich, respektvoll und neugierig, Bekanntschaft und fragte mich manchmal, was wohl aus ihnen geworden sei.

Im Februar 1945 schlägt Ursula von Kardorff sich mit »Bärchen« nach Süddeutschland durch. Im Herbst 1945 enden die *Berliner Aufzeichnungen* unterwegs in Hannover. »Aber das Leben ging weiter.« Hier könnten die Leseeindrücke enden. Doch sie tun es nicht. Wie überrascht war ich, als ich, mehr als zwanzig Jahre später, Ursula von Kardorffs Aufzeichnungen in einer anderen Fassung las, »unter Verwendung der Original-Tagebücher« neu herausgegeben und kommentiert von Peter Hartl, die 1992 erschienen. Ursula von Kardorff hatte ihr Manuskript im Sommer 1947, zwei Jahre nach dem Krieg, aufgrund von Notizen in Taschenkalendern, Briefen und Tagebüchern verfaßt. Daran hatte sie nie einen Zweifel gelassen. Manches hatte sie wortgetreu übernommen, anderes aus dem Gedächtnis rekonstruiert, aus Briefen zitiert. Und wiederum anderes fortgelassen.

»Geschönt und darum kaum mehr authentisch«, so hart urteilte Volker Ullrich in der *Zeit* und warf der Autorin vor, sie habe etwa am 20. April 1943, »Führers Geburtstag«, nach einem Kondolenzbesuch notiert: »Fabelhaft. Dieses Volk ist schon sehr zu bewundern, und es wird ganz einfach nicht untergehen«, die Notiz aber in der Buchfassung fortgelassen. Im Mai 1945, zwei Wochen nach Kriegsende, spricht sie von ihrer Hoffnung auf einen Krieg zwischen den Westmächten und der Sowjetunion und schreibt einen, wie Ullrich meint, »ungeheuerlichen Satz«: »Ich würde sofort mitmachen, als was auch immer, denn diese rote Pest ist zu gefährlich.«

Auch diesen Satz hat sie weggelassen. Aus Gründen der politischen Einsicht? Um zu verschleiern, wie sehr die nazistische Ideologie auch sie affiziert hatte, ein Umstand, auf den sie 1976 hinwies? Oder weil sich ein solcher Satz 1947 anders ausnahm und erst recht beim ersten Erscheinen 1962? Hätte die Autorin denn in der Buchfassung »Führer« stehen lassen sollen oder die »Russenweiber«, die sie dann in »Ostarbeiterinnen« umbenannte? Ursula von Kardorff hat ihren eigenen Text redigiert und dabei über ihr Leben reflektiert, und das folgt meist nicht Prinzipien einer historisch-kritischen Edition. Wer will das endgültig entscheiden? Mir ist ihr Buch in den aufgedeckten Widersprüchen der zweiten Fassung nur noch mehr ans Herz gewachsen.

Unter dem Datum vom 30. Juli 1945 sieht Ursula von Kardorff eine »Demonstration der göttlichen Gerechtigkeit«. Als Anhalterin sieht sie von einem LKW aus eine britische Militärkolonne. »Hinten auf die Wagen waren Zionsterne gemalt. Anscheinend war es eine jüdische Division. Und während diese Soldaten in der Uniform des Siegers auf der einen Seite fuhren, sausten auf der anderen offene LKWs mit deutschen Kriegsgefangenen vorbei. Bleich, grau, zerrissene Uniformen ohne Abzeichen, Hungerfurchen im Gesicht. Ich dachte zurück: Kurfürstendamm vor drei Jahren, ordensgeschmückte Offiziere, stramme deutsche Soldaten, unkompliziert und naiv. In den Nebenstraßen die gebückten bleichen Juden, auf Befehl einer unmenschlichen Führung der Verachtung preisgegeben, gekennzeichnet mit demselben Stern, den ich nun als Ehrenzeichen auf den englischen LKWs sah.«

In einem dieser LKWs hätte Hans Jonas sitzen können, der Rachel Salamander Jahrzehnte später von den in Trümmern liegenden deutschen Städten berichtet, die er als britisch-jüdischer Soldat von der Autobahn aus sah. »Bei diesem Anblick empfand ich etwas, was ich nie wieder erleben möchte, aber auch nicht verschweigen will – das Gefühl jauchzender, befriedigter oder wenigstens halb-befriedigter Rache. Das gehört zu den unedlen Gefühlen des

Herzens, aber ich war erfüllt von dem Gedanken, daß das Gräßliche, was hier geschehen, was an unseren Angehörigen verübt worden war, wenigstens nicht ganz ungerächt geblieben war. Es gab Jahre in meinem Leben, in denen ich auf die Frage, was der Augenblick des intensivsten Glücks in meinem Leben gewesen sei, erwidert hätte: ›Dieser Moment – der Anblick der zerstörten deutschen Städte, den man als Gerechtigkeit, als göttliches Strafgericht betrachten kann.‹ Heute würde ich das nicht mehr sagen, habe ich doch in meinem Leben weit glücklichere Momente erlebt.«[3]

1948 trat Ursula von Kardorff in die Redaktion der *Süddeutschen Zeitung* ein, und es scheint, als wäre ihr publizistischer Werdegang symptomatisch für den Journalismus der fünfziger Jahre. Sie kehrte zu ihren Anfängen zurück, verfaßte zwei Bücher über Paris und eines über *Feste feiern wie sie fallen*, ein Brevier der Gastlichkeit – »Der Tisch ist heiter gedeckt, Morgensonnenschein auf dem Frühjahrsbalkon, Kühle auf der Sommerterrasse oder wohlige Wärme im Winterzimmer« –, die Kaffeekantate, die Kunst des Teetrinkens, das Abendessen, über Silvester oder die Kunst, hübsch zu konversieren, zu dessen Vollendung gehört »im Hinblick auf die Partner: zuhören, teilnehmen, zuhören, anspornen, zuhören, fragen«.[4]

Das Buch gehört in allen seinen Assoziationen zur Sittengeschichte der fünfziger Jahre und deren Grundzug des Trösten- und Heilenwollens. Es ist eine humane und liberale Gesinnung darin und etwas davon, was Margret Boveri in ihrer Besprechung »entzückend« nannte, ein seit langem verschollenes Attribut, Erhart Kästner in der seinen »reizend«. Und aus diesem Geist souveräner Bescheidung und Bildung verfaßte Ursula von Kardorff über Jahrzehnte die beliebte Rubrik *Durch meine Brille*. Hier bleibt sie, zur Freude ihrer Leser, dem Prinzip des Punktuellen treu, des Konkreten, Nicht-Summarischen.

Als Ursula von Kardorff schon Süddeutschland erreicht hat, beginnt am 20. April 1945 eine Frau in Berlin mit der Niederschrift ihrer Tagebuchaufzeichnungen, die zwei Monate reichen. Sie notiert in alte Schulhefte und auf Notizzettel, was ihr und den anderen Bewohnerinnen des Hauses widerfährt: die Massenvergewaltigung durch die marodierenden russischen Soldaten, die alltägliche Not, den Kampf ums elementare Überleben, den Schmutz und Lärm, die Gerüche und Geräusche. Dieses Buch erschien nahezu unbemerkt 1959 in einem kleinen Schweizer Verlag und in diesem Frühjahr, fast ein halbes Jahrhundert später, in der Anderen Bibliothek.[5]

Wenn das kulturelle Leben in Deutschland etwas historischen Takt besäße, würde es mit diesem Buch, das in den USA und Großbritannien, in Schweden, den Niederlanden, in Norwegen, Japan, Frankreich und Spanien erschien, eine literarische Sensation entdecken, nach der es sonst immerfort sucht. Niemals zuvor ist die sexuelle Gewalt so schonungslos, mit einer ganz eigenen Sprache dargestellt worden wie von der anonymen Autorin. So viel wir über Ursula von Kardorff wissen, so wenig Informationen haben wir über ihre Zeitgenossin, die um 1915 geboren sein wird, aus einem bürgerlichen, wenn auch nicht großbürgerlichen Haus, belesen, weit gereist, eine dieser Reisen hat sie vor dem Krieg in die Sowjetunion geführt, sie spricht und versteht die fremde Sprache.

Als die russischen Soldaten das Viertel erreichen, protokolliert die Autorin das, was sie erlebt. »Es ist, als glaubten die Menschen zu ersticken, wenn sie sich nicht aussprechen«, bemerkt auch Ursu-

---

[3]   Hans Jonas, *Erinnerungen*. Frankfurt: Suhrkamp 2003.
[4]   Ursula von Kardorff, *Feste feiern wie sie fallen. Gastlichkeit früher und heute*. München: Biederstein 1958.
[5]   Anonyma, *Eine Frau in Berlin. Tagebuchaufzeichnungen vom 20. April bis 22. Juni 1945*. Frankfurt: Eichborn 2003.

la von Kardorff, aber bei ihrer anonymen Zeitgenossin geht es um mehr als das Aussprechen: um die Transposition jedes Atemzugs in den Text. So wie sie am Anfang des Buches benommen vor Hunger glaubt, eine Mahlzeit, von der sie in einem alten englischen Gesellschaftsroman liest, aus dem Buch mit den Nägeln herauskratzen zu können, so hat sie den Hunger, die Angst, die Gewalt in ihre Kladden eingeritzt.

»Das ist der Kadaver von Berlin«, ruft sie angesichts einer Straßenszene in ihrem Buch aus. Die Distanz der Selbsterhaltung, mit der sie ihre Umgebung wahrnimmt, schlägt unversehens in Ironie um, wenn sie etwa die Likörfabrikantin beschreibt, »weitaus die Dickste von uns allen, mit gewaltig ausladendem Busen. Man hört schon allgemein, daß sie die Dicken suchen. Dick gleich schön, da mehr Weib, mehr unterschieden vom Mannskörper. Bei primitiven Völkern sollen die Dicken ja als Sinnbild von Fülle und Fruchtbarkeit in Ehren stehen. Da können sie in unserem Land jetzt lange suchen ... Die Likörfabrikantin freilich hat keine Not gelitten. Sie hat den ganzen Krieg hindurch was zum Tauschen gehabt. Nun muß sie ihr ungerechtes Fett bezahlen.«

Zu der Kälte, die man nicht mit Kühle verwechseln darf, gehört die Allegorisierung: Petka mit dem Bürstenhaar und den Holzfällerpratzen hat wenigstens einen Namen, der Düsterblonde, der Weißblonde bleiben die namenlosen Vergewaltiger, es gibt die Sauf- und Jubelschwestern, die sich mit den Verhältnissen arrangieren, den »Besternten«, »Gardinen-Schmidt«, den Soldatendeserteur. Der bürgerliche Bäckermeister, der ausruft »Die sind bei meiner Frau«, erscheint ihr wie ein Schauspieler, und immer wieder notiert die Autorin die Augenblicke des Registrierens, des Neben-sich-Stehens, der fassungslosen Selbstbeobachtung. Nach der ersten Vergewaltigung faßt sie einen Entschluß: »Ganz klar: Hier muß ein Wolf her, der mir die Wölfe vom Leibe hält. Offizier,

so hoch es geht, Kommandant, General, was ich kriegen kann.«

Es ist nicht recht verständlich, warum die Anonymität der Autorin auch nach ihrem Tod gewahrt bleibt. Daß ihr Schicksal für viele andere steht, wie es in der Vorbemerkung heißt, ist richtig. Sie hat der vielfachen Erfahrung indessen zu einem singulären Ausdruck verholfen. Als sie von dem Schicksal einer Sechzehnjährigen erfährt, notiert sie, was eher wie eine kurze Hoffnung klingt, eine auf lange Sicht vergebliche Hoffnung: »Diese kollektive Massenform der Vergewaltigung wird auch kollektiv überwunden werden. Jede hilft jeder, indem sie darüber spricht, sich Luft macht, der anderen Gelegenheit gibt, sich Luft zu machen, das Erlittene auszuspeien. Was natürlich nicht ausschließt, das feinere Organismen als diese abgebrühte Berliner Göre daran zerbrechen oder doch auf Lebenszeit einen Knacks davontragen.«

Man darf die namenlose Autorin neben die namhafte Ursula von Kardorff stellen, ihre beiden Bücher kann man nicht vergleichen. Zu unterschiedlich sind sie in ihrer Entstehung und ihrer Rezeption, auch wenn sie von einem Zusammenhang berichten. Vielleicht wird eines Tages eine kritische Edition des Buches *Eine Frau in Berlin* vorliegen. Sie würde mehr Aufschlüsse geben – gerade auch über das Leben der namenlosen Autorin in der Nachkriegszeit, über ihren Todestag.

Nach Berlin war Ursula von Kardorff nicht mehr zurückgekehrt; ihre alte Heimatstadt mache sie nur unendlich traurig. Den neuen Pariser Platz, auf den nach 1989 das Leben zurückkehrte und an dem sie zur Zeit ihres Tagebuchs gewohnt hatte, hat sie nicht mehr gesehen. Am 25. Januar 1988 stirbt Ursula von Kardorff in München. »Es wird wieder einen Weg nach oben geben«, hatte sie ihre *Berliner Aufzeichnungen* im Oktober 1945 beschlossen: »Aber die Toten, die vielen Toten werden immer mit uns sein.«

# Über die Aneignung

Von Byung-Chul Han

Derzeit haftet dem Begriff Aneignung etwas Sündhaftes an. Man denkt nur an Besitzergreifung und Vereinnahmung. Vergessen wird dabei ihr positiver Gehalt. Wer kennt inzwischen die Argumente nicht, die formelhaft gegen die Aneignung des Anderen oder des Fremden vorgebracht werden? Sie sei eine Gewalt, die die Andersheit des Anderen zugunsten des Eigenen vernichte. Aneignung reduziere das Andere aufs Selbe, indem sie es in die eigenen Kategorien des Denkens einzwänge. Im Verstehen des Anderen als Aneignung erlösche, so lehren auch Lévinas oder Derrida, seine Andersheit. Deshalb gelte es, das Andere, statt sich dies anzueignen, in seiner Andersheit sein zu lassen.

Aneignung heißt abstrakt, daß ich etwas vom Anderen zum Inhalt meines Seins mache. So ist sie auch ein Prozeß des Lernens und der Bildung. Ich eigne mir etwa die Fremdsprache, die Sprache des Fremden, an. Dabei habe ich nicht den Anderen seiner Sprache beraubt. Im Gegenteil spreche ich mit ihm *seine* Sprache. Aneignung der Fremdsprache macht eine besondere Nähe zum Fremden erst möglich. Sich die Sprache des Anderen aneignen heißt gerade, sich um den Anderen, um dessen Sprache bemühen. Daß ich den Anderen in dessen Sprache, die für mich eine Fremdsprache ist, anspreche, ist gar die Bezeugung meiner Freundlichkeit gegenüber dem Anderen.

Aneignung in diesem Sinne übt auf den Anderen keine Gewalt aus. Ich muß mich der Fremdsprache hingeben, zeitweise meine eigene Sprache gar vergessen, um die Sprache des Anderen mir aneignen zu können. Aneignung setzt, so gesehen, ein ursprüngliches Mögen des Anderen oder dessen, was nicht das Eigene, der Inhalt meines Ichs ist, voraus. Wer sich an der eigenen Sprache fest-klammert, vermag sich die Sprache des Anderen nicht anzueignen. Aneignung der Fremdsprache bedeutet nicht, daß ich meine Sprache auf die Sprache des Anderen projiziere oder diese auf jene reduziere. Diese Projektion macht gerade jedes Lernen, jede Bildung unmöglich. Ursprüngliche Aneignung ist dagegen weltbildend. Nur ein Idiot oder Gott lebt ohne Aneignung.

Als ein Fremder, der inzwischen tagaus, tagein die Sprache des Anderen spricht, kenne ich das Glücksgefühl, mit dem viele nach der mühsamen Aneignung der Sprache des Anderen belohnt werden. In dem Moment, in dem ich fast selbstvergessen, ja im Vergessen meiner eigenen Sprache die Sprache des Anderen spreche, sehe ich mich unversehens in den Anderen verwandelt. Darin besteht die Dialektik oder Dialogik der Aneignung. In solchen Augenblicken denke ich, daß die ursprüngliche Aneignung des Anderen eine Verwandlung des Eigenen notwendig nach sich zieht. Man bleibt sich nie gleich, nachdem man etwas vom Anderen zum Inhalt des eigenen Seins gemacht hat. In jedem Zug der Aneignung werde ich mir auch anders. Indem ich die Sprache des Fremden mir aneigne, übernehme ich auch Sichtweisen und Denkfiguren, die in ihr konserviert sind. Die Sprache des Fremden, die ich mir aneigne, verändert mich, und zwar oft unbewußt.

Die Dialogizität beginnt nicht erst jenseits der Struktur der Aneignung. Jede sinnerzeugende Kommunikation als dialogisches Geschehen vollzieht sich nur in vielfältigen Formen der Aneignung. Die Erfahrung des Anderen findet nicht außerhalb der Aneignung statt. Aneignung ist nicht Reduzierung des Anderen aufs Eigene. Sie bedeutet eine konstruktive Übernahme des Anderen ins Eigene in einem dialogischen Prozeß, wobei das Eigene sich ständig verändert beziehungsweise komplexer wird. Sie ist eine Form der Kommunikation und nicht ein Ausdruck der Gewalt. Sie schafft eine gegenseitige Verständigung, bringt eine gemeinsame Welt hervor.

In *Topographie des Fremden* von Bernhard Waldenfels liest man eine Theorie der Aneignung.[1] Die Aneignung gehe mit bestimmten Formen der Zentrierung einher, nämlich Egozentrismus, Ethnozentrismus und Logozentrismus. Im Ego- und Ethnozentrismus werde das Fremde auf Eigenes zurückgeführt. Der Logozentrismus bringe in dem auf Eigenes und Fremdes übergreifenden Allgemeinen das Besondere zum Verschwinden. In allen Formen der Aneignung sei Gewalt am Werk. Sogar das Vergleichen wird der Aneignung verdächtigt: Es sei ein »Gleichmachen, das den Unterschied zwischen Eigenem und Fremdem einebnet«. Das Fremde sei jedem Vergleich »entrückt«, über jeden Vergleich »erhaben«.

Diese Apotheose des Anderen beziehungsweise Fremden hinterläßt bei mir, einem Fremden, ein fast schmerzhaftes Gefühl, daß hier das Fremde oder das Andere, geschweige denn *der* oder *dieser* Andere, noch einmal zum Verschwinden gebracht wird. Die psychischen Spuren des Schocks, den eine maßlose Ausbeutung des Anderen nachträglich ausgelöst hat, bringen das Fremde in einer Art mythischen Tabuisierung wieder zum Verschwinden. Aneignung ist nicht mit der Ausbeutung oder Unterdrückung des Anderen gleichzusetzen. Nach einer schrankenlosen Ausbeutung hat man erst zu einer konstitutiven Aneignung des Fremden zu finden.

In *Topographie des Fremden* heißt es ferner, daß Aneignung durch Zentrierung auf Eigenes geschehe. Wer aber auf Eigenes zentriert ist, verschließt sich dem Anderen. Diese Verschlossenheit ist zugleich die Weigerung, etwas vom Anderen zu übernehmen. Demjenigen, der auf Eigenes zentriert ist, wird die Sprache des Fremden nur noch als eine Bedrohung erscheinen. Wie wird er sie sich aneignen können? Die Aneignung ist an ein ursprüngliches Mögen gebunden. Das sinnvolle, sinnhafte Gespräch, das gelingt oder erfüllt, auch das Gespräch, das im Medium der Gefühle stattfindet, weist die Struktur einer gegenseitigen Aneignung auf. Auch ein freundliches Wort, das absichtslos erfolgt, das sowohl den Adressaten als auch den Adressanten beglückt, findet nicht im »Anderswo« statt.

Derjenige aber, der den Anderen in einen ganz anderen Ort abschiebt, ist weder zum freundlichen Wort noch zum freundlichen Gruß fähig. Emmanuel Lévinas' entrückter Blick, der bei keinem Anderen verweilt, ist kein freundlicher Blick. Nicht nur der gefräßige Blick, sondern auch der Blick, der sich ins Unendliche verliert, ist eine Gewalt. Das Gespräch scheitert nicht durch Aneignung des Anderen, sondern durch Abstoßung, Ausschließung und Unterdrückung des Anderen.

Hegel, der für viele *der* Philosoph einer gewaltsamen Aneignung ist, stellt in den *Vorlesungen über die Philosophie der Geschichte* eine denkwürdige These auf: Es sei »Torheit« zu glauben, »daß ein schönes und wahrhaft freies Leben so aus der einfachen Entwicklung eines in seiner Blutsverwandtschaft und Freundschaft bleibenden Geschlechts hervorgehen könne«. Vielmehr sei es die »Fremdartigkeit in sich selbst«, durch die der Geist die »Kraft« gewinne, »als Geist zu sein«. Hegel schreibt: »Wir haben soeben von der Fremdartigkeit als von einem Elemente des griechischen Geistes gesprochen, und es ist bekannt, daß die Anfänge der Bildung mit der Ankunft der Fremden in Griechenland zusammenhängen.«

Die beständige Fremdheit in sich selbst ist konstitutiv für den Geist. Ohne sie erlahmt der Geist. Die Fremdheit in

---

[1]    Bernhard Waldenfels, *Topographie des Fremden. Studien zur Phänomenologie des Fremden.* Frankfurt: Suhrkamp 1997.

## Deutsche Kulturpolitik in Italien

Entwicklungen, Instrumente, Perspektiven. Ergebnisse des Projektes »ItaliaGermania« Herausgegeben von BERND ROECK, CHARLOTTE SCHUCKERT, STEPHANIE HANKE und CHRISTIANE LIERMANN unter Mitarbeit von SERENA BERTOLUCCI, JENS BORTLOFF, ANDREA HINDRICHS und GIOVANNI MEDA

2002. IX, 219 Seiten. 12 Abb. Kart. € 36.–. ISBN 3-484-67014-2 (Reihe der Villa Vigoni. Band 14)

In einer Zeit der Globalisierung und der Nivellierung nationaler Strukturen durch Großorganisationen wie die Europäische Union kommt der Kulturpolitik als Faktor der Identitätsstiftung herausragende und mit Sicherheit weiter wachsende Bedeutung zu. Italien hatte für die deutsche Kulturpolitik immer einen besonderen Stellenwert, was sich etwa an der Vielzahl der mit der Vermittlung deutscher Kultur in Italien beauftragten Institutionen ablesen läßt. Das vorliegende Buch gibt eine Einführung in die Geschichte der kulturellen Beziehungen zwischen Deutschland und Italien und führt in die rechtlichen Grundlagen der deutschen Kulturpolitik in Italien ein. Es wird gezeigt, mit welchen Vorurteilen und nationalen Stereotypen sich die deutsche Kulturpolitik in Italien auseinanderzusetzen hat, wo also Aufgaben und Herausforderungen für die Zukunft liegen. In einem ausführlichen Dokumentationsteil werden die zentralen kulturvermittelnden Institutionen der Bundesrepublik in Italien vorgestellt.

## Simone De Angelis
## Von Newton zu Haller

Studien zum Naturbegriff zwischen Empirismus und deduktiver Methode in der Schweizer Frühaufklärung

2003. XII, 504 Seiten. Ln € 108.–. ISBN 3-484-36574-9 (Frühe Neuzeit. Band 74)

Diese Studien untersuchen den Natur- und Wissenschaftsbegriff sowie die naturwissenschaftliche Methode Albrecht von Hallers (1708–1777) in ihrer Entstehung im Rahmen des naturrechtlichen Denkens der Frühaufklärung. Von Relevanz ist dabei Hallers Beziehung zum Newtonianismus Willem Jacob 'sGravesandes, der Newtons mathematische Naturwissenschaft experimentalistisch umdeutet und die wissenschaftliche Erkenntnislehre auf den ›moralischen‹ Evidenz aufbaut. Dies bildet den Hintergrund von Hallers Beurteilung der Hypothesen um 1750. Der Zusammenschluß der Wissenschaften von der Natur und des Menschen, deren Analogie die naturrechtliche Matrix begründet hatte, liegt somit konstitutiv dem Hallerschen Verständnis der Physiologie und deren sozialethischen Bedeutung zugrunde, die der gläubige Naturfor-

scher gegen ›neospinozistische‹ bzw. materialistische Naturinterpretationen verteidigte.

## Waisenhäuser in der Frühen Neuzeit

Herausgegeben von UDO STRÄTER und JOSEF N. NEUMANN in Verbindung mit RENATE WILSON

2003. X, 249 Seiten. Kart. € 38.–. ISBN 3-484-84010-2 (Hallesche Forschungen. Band 10)

Anläßlich des 300. Gründungsjubiläums des Halleschen Waisenhauses veranstaltete das Interdisziplinäre Zentrum für Pietismusforschung der Martin-Luther-Universität Halle-Wittenberg in Verbindung mit den Franckeschen Stiftungen vom 21. bis 23. September 1998 ein internationales Kolloquium. In den Beiträgen wurde die Bedeutung des nach niederländischen Vorbildern konzipierten Halleschen Waisenhauses im Kontext zeitgenössischer Anstalten der Armen- und Waisenpflege konturiert. Die Publikation ermöglicht eine umfassendere Analyse des vielschichtigen Spannungsfeldes ordnungspolitischer, wirtschaftlich-merkantilistischer und religiös-caritativer Motivationen und Institutionalisierungen sowie eine präzisere Bestimmung der Bedeutung des Pietismus in diesem Zusammenhang.

## Die Hungarica-Sammlung der Franckeschen Stiftungen zu Halle

Herausgegeben von BRIGITTE KLOSTERBERG und ISTVÁN MONOK

**Teil 1: Porträts**
Bearbeitet von ATTILA VERÓK und GYÖRGY RÓSZA

2003. XXX, 269 Seiten. 181 Abb. Kart. € 42.–. ISBN 3-484-84107-9 (Hallesche Quellenpublikationen und Repertorien. Band 7)

Die Franckeschen Stiftungen geben in Verbindung mit der Széchényi Nationalbibliothek Budapest Kataloge, die die Hungarica in den Beständen der Bibliothek und des Archivs der Franckeschen Stiftungen erschließen, heraus. Die beiden Einrichtungen leisten damit gemeinsam einen Beitrag zur Erforschung der hallisch-ungarischen Beziehungen, die vor dreihundert Jahren durch August Hermann Francke (1663–1727) befördert wurden. Die auf drei Bände geplante Reihe setzt ein mit den ungarischen Porträts aus der umfangreichen Porträtsammlung der Bibliothek der Franckeschen Stiftungen, die 1756 von Jacob Gottfried Böttiger, dem Inspektor der Waisenhaus-Buchhandlung, der Bibliothek vermacht worden ist. In einleitenden Kapiteln werden die Geschichte der Porträtsammlung und die ungarischen Porträts biographisch und kunsthistorisch beschrieben. Der Katalog bietet neben der Abbildung der Porträts eine Porträtbeschreibung mit einer Kurzbiographie zu den dargestellten Personen.

# Max Niemeyer Verlag

Max Niemeyer Verlag GmbH · Postfach 21 40 · 72011 Tübingen
Tel 07071-98 94 94 · Fax 98 94 50 · E-mail order@niemeyer.de

# Neu in der edition text + kritik

Sabina Becker / Eckhard Faul /
Reiner Marx (Hg.)
**Jahrbuch zur Kultur und
Literatur der Weimarer Republik**

Band 8, 2003
etwa 300 Seiten
ca. € 32,--/sfr 53,80
ISBN 3-88377-744-7

Der neue Band beschäftigt sich u. a.
mit Erich Kästners »Emil und die De-
tektive« sowie Joseph Roths Roman
»Das Spinnennetz« und dessen Ver-
filmung von 1989. Er enthält zudem
einen bisher unveröffentlichten Text
von Heinrich Eduard Jacob sowie
erstmalig die Pariser Novelle von
Annemarie Schwarzenbach. Weitere
Beiträge widmen sich der Weimarer
Staatsarchitektur und dem Bild
der Novemberrevolution 1918 in
Romanen der damaligen Zeit.

Reiner Wild (Hg.)
**Dennoch leben sie.
Verfemte Bücher, verfolgte
Autorinnen und Autoren. Zu
den Auswirkungen national-
sozialistischer Literaturpolitik.**

etwa 450 Seiten
ca. € 35,--/sfr 58,80
ISBN 3-88377-745-5

Dieser Band hat die Bücherver-
brennung vom 10. Mai 1933 zum
Thema. An etwa vierzig Beispielen
wird dem Schicksal der Bücher
und ihrer verfolgten Autoren und
Autorinnen nachgegangen.
Darunter sind vertraute Namen wie
Thomas Mann, Sigmund Freud
oder Bertolt Brecht, aber auch
kaum mehr bekannte Schriftsteller
wie Gina Kaus oder Oskar Wöhrle
werden behandelt.

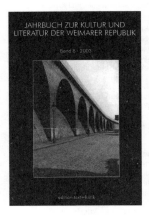

**edition text + kritik**
Postfach 80 05 29 | 81605 München | Levelingstraße 6 a | 81673 München
info@etk-muenchen.de | www.etk-muenchen.de

sich hält die geistige Spannung aufrecht. Sie ist nicht etwas, was zugunsten des Eigenen ein für allemal überwunden werden müßte. Zumindest an dieser Stelle ist Hegel als ein progressiver Philosoph der Bildung zu bejahen. Selbst wenn man ihm vorwerfen würde, daß das Fremde hier nur als ein Gegenstand der Aneignung Platz finde im Eigenen, so bedeutete diese Aneignung alles andere als Gewalt oder Vergewaltigung des Anderen. Aneignung des Fremden ist vielmehr konstitutiv für die eigene Kultur. Ja sie ist unerläßlich für die Bildung.

Kultur ist ein komplexer Prozeß der Aneignung des Fremden, in dem sie auch vielfachen Veränderungen unterworfen ist. Die »Ankunft der Fremden« aus dem Orient und aus Ägypten markiert für Hegel die Anfänge der griechischen und europäischen Kultur. Ein ursprüngliches Mögen liegt diesem Prozeß gewiß zugrunde. Ohne diese ursprüngliche (Fremden-)Freundlichkeit käme es zu einer Abstoßung des Fremden. Diese Freundlichkeit, diese grundsätzliche Offenheit gegenüber dem Anderen wäre das Ferment jeder Bildung und Kultur. Jede ursprüngliche Aneignung des Anderen setzt ein Zuhören voraus. Die Besitzergreifung kann dagegen ein stummes Geschehen sein.

Es ist bezeichnend, daß Waldenfels am Ende der *Topographie des Fremden* ein Dekret des spanischen Königs aus dem Jahr 1514 als ein markantes Beispiel der Aneignung anführt, ein Dekret, in dem die Besitznahme fremder Länder geregelt werden soll. Das Land des Fremden wird hier zum eigenen Besitz erklärt, als wäre da niemand. Diese Besitzergreifung ist jedoch ein Raub. In jenem Niemandsland findet kein Verstehen des Fremden statt. Wozu hier die Bemühung, den Fremden zu verstehen? Es gilt ja nur, ihn auszurauben. Aneignung ist dagegen eine Arbeit am Anderen und an sich selbst. Das Land, in dem der Andere als der »ganz Andere« sich in eine Nicht-Existenz zurückzieht, hat eine Nähe zu jenem Niemandsland.

Etwas Unglaubhaftes hat das Theorem, daß das Verstehen die Andersheit des Anderen zum Verschwinden bringe oder das Andere aufs Selbe reduziere. So wird man dazu aufgefordert, das Andere in seiner Andersheit sein zu lassen. Das »ganz Andere«, das sich jedem Verstehen entzöge, *ist* aber mir nicht. In seinem totalen Entzug *ist* mir ebensowenig seine Andersheit. So kann ich nicht einmal sagen, inwiefern das Andere anders ist als ich. Das Andere in seiner Andersheit sein lassen hieße dann, es in diesem Nicht-Sein, in diesem Nichts belassen, es in diese Nicht-Existenz verabschieden. Das Verstehen ist nicht die Wiederholung des Ichs. Sonst wäre keine Bildung, kein Wechsel der Perspektive möglich. Es ist ein komplexer Prozeß, der vielfache Veränderungen des Eigenen nach sich zieht.

Das Eigene ist also aufs Andere hin durchlässig. Und erst das Verstehen erschließt mir, daß das Andere andere Eigenschaften besitzt. Hier kann ich das Andere oder den Anderen, statt mich diesem aufzudrängen, in seiner Andersheit sein lassen. Man muß *zumindest* verstanden haben, daß der Andere anders ist oder anders denkt als ich. Nur dann kann ich aus Respekt vor seiner Andersheit freundlich oder höflich sein. Sowohl die Rede vom »ganz Anderen« als auch die vom Ich, das durch Aneignungen hindurch sich ganz gleichbleibt, ist *abstrakt*.

Nicht weniger Verstehen, sondern mehr Verstehen erschließt mir die Andersheit des Anderen. Ich reduziere das Andere aufs Eigene oder aufs Selbe, weil ich zuwenig vom Anderen verstanden habe. Das Verstehen schließt auch das Staunen über die Andersheit des Anderen nicht aus. Man staunt nicht nur über das Noch-nicht-Verstandene oder über das Nicht-zu-Verstehende, sondern auch oder gerade über die Andersheit des verstandenen Anderen. Das Verstehen ist nicht das Ende des Staunens. Mit ihm kann das Staunen auf einer höheren Ebene erst beginnen.

Ich, also der Autor, der ein Fremder in diesem Lande, in dessen Sprache ist, bin immer wieder mit der Erfahrung kon-

frontiert, daß man oft den Anderen überhaupt nicht *verstehen will.* Ich bin ver-
traut mit jenem Argument, das mich
nie überzeugt hat: Ach, wissen Sie, das
Verstehen führt das Fremde aufs Eigene
zurück. So erübrigt sich die wirkliche
Berührung mit dem Fremden. Nachge-
dacht wird höchstens über eine mögliche
Berührung mit dem Fremden, und zwar
in festgefahrenen Denkmustern. Mon-
strös ist etwa eine interkulturelle Her-
meneutik desjenigen, der keine Kenntnisse von der fremden Kultur hat, der
sich nie darauf wirklich eingelassen
hat. Sie ist entweder ein Monolog oder
ein Gespräch mit dem Gespenst im Eigenen.

Das Verstehen befestigt nicht die eigenen Kategorien. Gerade in der Weigerung, das Andere oder den Anderen zu
verstehen, projiziert man das Eigene aufs
Andere. Das menschliche Verstehen, der
menschliche Geist ist zu einer erstaun-
lichen Offenheit und Freundlichkeit fähig. Er kann sehr schnell den Horizont
des Eigenen, die sogenannten eigenen
Kategorien verlassen, *sich* mögend ins
Andere versenken. Und so fremd ist die
fremde Kultur oder die Fremdheit der
Fremden doch nicht. Die übertriebene
Dramatik oder Mystik des Fremden als
eines »ganz Anderen« verweist nur auf
eine Krankheit im Eigenen. Die Fremdheit etwa zwischen Jesus und Buddha ist
womöglich viel geringer als Fremdhei-
ten im Eigenen. Vielleicht hätten sie sich
wie nahe Freunde vorzüglich verstanden.

Dies ist nicht eine Theorie, sondern
meine Erfahrung nach langem Aufent-
halt in der Fremde, nach mühsamer, aber
mögender Aneignung der anderen Kultur und der anderen Sprache. Diese
Erfahrung würden diejenigen gerne be-
stätigen, die nicht bloß übers Fremde
spekulieren oder fabulieren, sondern im
Fremden wirklich leben. Der Verste-
hens- oder Aneignungsprozeß ist immer
ein radikaler Veränderungs- und Ver-
wandlungsprozeß. Und ich lerne auch
übers Eigene, ich sehe dies klarer, wo ich
das Andere erlerne und dies schätzen lerne. Die vielfältigen Unterschiede, die

sich im Vergleich zwischen dem Eigenen
und dem Fremden auftun, haben großen
Wahrheitsgehalt. Das Vergleichen hat
etwas Heilsames. Es hat für mich per-
sönlich immer Lernen und Aufklärung
bedeutet. So schmerzt es mich fast zu
hören, daß das Andere jedem Vergleich
»entrückt«, über jeden Vergleich »erhaben« ist. Diese Rede schiebt das Andere
in eine Nicht-Existenz ab. Verstehen
und Vergleichen ist kein »Gleichmachen«. Es läßt vielmehr die Unterschiede
erst klar hervorscheinen.

Man bediene sich, so ein weiteres
Theorem, eines allgemeinen Begriffes,
um den Schock der Begegnung zwischen
dem Selben und dem Anderen aufzufan-
gen. Aber das besondere Andere gehe dabei in diesem Allgemeinen verloren. Von
dem »auf ein Eigenes und Fremdes übergreifenden Allgemeinen« geht also ein
Terror aus. Nach der *Topographie des Frem-*
*den* heißt er »Logozentrismus«. Das Allgemeine ist aber als solches keine Gewalt. Ihm verdankt man nicht nur das
Denken, sondern auch Menschenrechte
und Menschenwürde. Ein Menschen-
freund denkt allgemein. Er denkt über
Vereinzelungen hinweg, die gerade zur
Gewalt führen würden. Wer allen gegenüber freundlich ist, pflegt gleichsam eine
verallgemeinerte Freundschaft, die nach
der aristotelischen Ökonomie des Eigenen, wonach der Freund ein anderes Ich
ist, keine Freundschaft mehr wäre. Ohne
das Bewußtsein des Allgemeinen ist
auch keine »absolute Gastfreundlich-
keit« möglich. Gerade das Allgemeine
rettet das Einzelne. Eine totale Vereinzelung ist Anarchie und Gewalt. Auch
bewußtseinstheoretisch gilt derselbe
Sachverhalt. Die Vielheit ohne jeden Bezug auf die Einheit ist die Undifferen-
ziertheit, also ein Einerlei. Die abstrakte
Feindschaft gegen Einheit oder Allgemeinheit mündet ihrerseits in Gewalt.

Schon auf den ersten Seiten der Hegel-
schen *Phänomenologie des Geistes* lernt
man, wie das Bewußtsein aus seiner
anfänglichen Dummheit herausgeführt
wird. Das Bewußtsein glaubt zunächst,
das Sinnliche, das ganz frei ist vom All-

gemeinen, sei ein Wissen von unend-
lichem Reichtum. Es sei auch das wahr-
hafteste, weil nichts von ihm wegge-
nommen sei. Aber es enthüllt sich als ein
ärmstes Wissen. Von ihm ist nur zu
sagen: *dies*. Aber auch »dies« ist bereits
etwas Allgemeines. Das ganz Vereinzelte
ohne jede Berührung mit dem Allgemeinen ist seinerseits ein Terror. Das Allgemeine ist vielleicht an sich friedlich, ja
freundlich. Die Bemühung um Frieden
und Freundlichkeit wäre die um mehr
Allgemeines, um mehr Gemeinsames.
Nicht zuviel Logos oder zuviel Geist,
sondern zuwenig Geist führt uns zur
Gewalt. So führt auch zuwenig Allgemeinheit uns vom Einzelnen weg. Mehr
Allgemeinheit führt uns dagegen zum
Einzelnen zurück. So verhält es sich auch
zwischen Geist und Natur. Zuwenig
Geist führt den Menschen von der Natur
weg. Mehr Geist führt ihn zur Natur
zurück. Dies ist auch die Einsicht Paul
Cézannes gewesen, seine Erfahrung vor
der Montagne Sainte-Victoire. Nicht der
Logozentrismus, sondern zuwenig *logos*
erzeugt Gewalt – *logos* ist ursprünglich
ein Wort der Versöhnung und des Friedens.

Eine mögende Aneignung des Anderen setzt gewiß ein Interesse am Anderen
voraus. Nicht erst Lévinas, sondern
schon Heidegger hat das Interesse negativ besetzt. Es führe zur Aneignung des
Anderen. Heidegger sagt, ein Interesse
nehmen an etwas bedeute, etwas für sich
haben wollen, nämlich zum Besitz, zur
Verwendung und Verfügung. Lévinas
sagt gar in *Jenseits des Seins oder anders als
Sein geschieht*, daß der Krieg der Vollzug
oder das Drama des Interessiertseins am
Sein sei. So wird zur Rettung des Anderen das Désintéressement gefordert.

Die Argumente, die gegen das Interesse vorgebracht werden, haben gewiß
etwas Wahres an sich. Ihm läßt sich aber
auch ein anderer Wahrheitsgehalt abge-
winnen, so daß es wie Aneignung einen
anderen Klang gewinnt. Interesse hat
mit dem Zwischen zu tun. Ohne Interesse bin ich ohne jedes Zwischen, ohne jede
Beziehung zum Anderen. Ohne Interesse

sein heißt also ganz in sich gefangen sein
ohne jede Öffnung aufs Andere, sich nur
in sich gefallen. So ist Interesse einmal
als jenes Vehikel zu bejahen, mit dem ich
die enge Schale des Eigenen, des Ichs ver-
lassend zum Anderen, ja ins Zwischen
aufbreche. Interesse eröffnet einen Kom-
munikationsraum, einen Raum der
Freundlichkeit, der frei ist vom Raunen
des »ganz Anderen« oder des »ganz anderen Anderen«. Ein gegenseitiges Interesse am Anderen, eine gegenseitige
Aneignung als Arbeit befruchtet das Gespräch.

Das Lévinassche Désintéressement
kann schnell in ein kaltes Desinteresse
umschlagen. Das Interesse des Anderen
an mir wäre auf jeden Fall dem Desinteresse vorzuziehen. Das Interesse *am Anderen* hat ein anderes Klangbild als jene Besitzergreifung. Heideggers Phänomenologie der Vereinzelung und Angst berührt sich trotz aller Unterschiede mit
Lévinas' Theorie des Désintéressement.
Keiner kennt eine kommunikative
Nähe. Diese wäre für Heidegger eine
»Uneigentlichkeit«, für Lévinas eine
Aneignung des Anderen. Das Interesse
am Anderen (endlich!) ist nicht der Beginn einer Gewalt, sondern der Beginn
des Friedens.

Die Verabsolutierung oder die Apotheose des Anderen läßt das Gefühl entstehen, Aneignung sei etwas Verbotenes.
Dabei wird vergessen, daß ein totales
Aneignungsverbot den Anderen wieder
zum Verschwinden bringt. Statt ein ge-
nerelles Aneignungsverbot auszuspre-
chen, sollte man sich darum bemühen,
Aneignung zu kultivieren. Ein Lob auf
die Aneignung sei einmal erlaubt. Sie
bereichert das Dasein. Sie macht dies gerade um den Anderen reicher. In diesem
Sinne wäre nicht für weniger Aneignung, sondern für mehr Aneignung zu
plädieren. Am schönsten ist gewiß die
gegenseitige Aneignung, wie uns das der
Kuß so anschaulich vorführt. Gefährlich
ist nicht die Aneignung selbst, sondern
die Dummheit, den Liebsten ganz zu
vertilgen und dadurch auch das eigene
Glück zu beenden.

# Demokratie für den Irak?

## Drei Perspektiven im Vergleich

Von Roland Benedikter

Die Verantwortung für den Irak endet nicht mit dem Krieg. Im Gegenteil: Sie beginnt erst heute. Sie steht und fällt mit der Frage, wie der weitere Weg des Irak in die Demokratie zu gestalten ist. Die Beantwortung dieser Frage wird im Rückblick besehen der Prüfstein für das gesamte Vorgehen sowohl der Befürworter wie auch der Gegner des Krieges sein.

Viel wurde im Vorfeld des Krieges über eine mögliche Demokratisierung des Nahen Ostens spekuliert. Ein Hauptargument für den Krieg seitens der Bush-Administration, vor allem des Chefstrategen Paul Wolfowitz, war, aus der Absetzung Saddam Husseins und der folgenden Demokratisierung des Landes könne sich ein »Dominoeffekt« für die Region ergeben. Die Demokratisierung des Irak werde der Befriedung des israelisch-palästinensischen Konflikts Impulse geben, aber auch eine schrittweise »demokratische Weltzentrierung« des Islam fördern. Ergebnis: eine wirtschaftliche, politische und, daraus folgend, auch neue kulturelle Blüte der »abrahamitischen Zone« zwischen Ost und West – mit globalen Vorteilen.

Aber bis heute wurde noch nicht einmal konkretisiert, wie sich der Irak denn selbst in eine Demokratie verwandeln soll. Bisherige Aussagen dazu blieben vage. Das liegt zweifellos auch daran, daß Rezepte von außen nichts nützen, sondern in Auseinandersetzung mit der konkreten Situation von innen kommen müssen, wie die »idealistischen Falken« in Washington nun zu Recht betonen. Aber die bisher sichtlich fehlenden Konzepte der Bush-Administration zur konkreten Demokratisierung des Irak sind, nach all den großen theoretischen Spekulationen, mitverantwortlich nicht nur für die derzeit schwierige Lage der Besatzungsmächte, sondern auch des internationalen Dialogs und der Lösungsfindung in den Vereinten Nationen.

Daran ändert die kürzlich erfolgte Einsetzung des Übergangsregierungsrates nichts. Seine 25 Mitglieder repräsentieren zwar in gewisser Weise das Land. Und sie haben unter anderem die Aufgabe, eine neue Verfassung auszuarbeiten und damit den Weg zur Demokratie in kleinen Schritten zu konkretisieren. Aber sie stehen dabei vor vielen Problemen: wie den Ausgleich zwischen den vier Bevölkerungsgruppen (Schiiten, Sunniten, Kurden, Turkmenen) und ihren unterschiedlichen Kulturen und sozialen Organisationsformen herstellen? Wie den Spagat zwischen islamischem Fundamentalismus – der, wenn heute Wahlen wären, das Land unter seine theokratischen Fittiche nehmen würde – und säkularer demokratischer Struktur schaffen, und zwar so, daß auf lange Sicht keine neuen Totalitarismen demokratisch sanktioniert werden können? Wie die Entstehung einer neuen intellektuellen und bürgerlichen Mittelschicht fördern und dazu liberalkapitalistische Wirtschaftsformen erzeugen, ohne die eine Demokratie erfahrungsgemäß nicht möglich ist?

Und vor allem: Wie den Ausgleich bewältigen zwischen der traditionellen nahöstlichen Konsenskultur zwischen Stämmen, Familien und Gruppen, der das Modell der Demokratie westlichen Musters bislang weitgehend fremd ist? Die traditionelle arabisch-islamische Konsenskultur samt den ihr innewohnenden Wertemodellen des Ausgleichs, der Ehre und der Partizipation wird sich an ein Modell, bei dem derjenige, der 51 Prozent der Stimmen erhält, die Regierung stellt und im wesentlichen die ganze Macht innehat, und bei dem der andere, der 49 Prozent der Stimmen erhält, in die Opposition geht und keinerlei Macht hat, nur in einem Entwicklungsprozeß adaptieren. Dazu kommt, daß diese Konsenskultur von Saddams totalitärem Regime in den vergangenen dreißig Jahren zum Teil blutig unterdrückt wurde. Sie sprießt nun, nach dem Ende des Diktators, nur um so mächtiger wieder hervor – ähnlich wie nach dem Fall des Eisernen Vorhangs in Osteuropa über Jahrzehnte unterdrückte Denkweisen, Wertmaßstäbe und Verhaltensformen mehr oder weniger unverändert wieder ans Licht kamen. Wie damals in Osteuropa, so müssen nun die – regional sehr unterschiedlich ausgeprägten – Werte- und Kulturmodelle im Irak ihre Entwicklung gleichsam dort wieder beginnen, wo diese Entwicklung vor Jahrzehnten aufgehört hat.

Bei all diesen Einzelfragen zeigt sich gegenwärtig immer deutlicher ein gemeinsamer Kern der Demokratisierungsproblematik: Der entscheidende Faktor zur Demokratisierung des Irak sind weniger die Bereitschaft der Bevölkerung oder die wirtschaftlichen Voraussetzungen. Sondern es sind die lokalen Kulturen mit ihren spezifischen Wertemaßstäben und deren sozialen und gesellschaftlichen Organisationsformen. Die entscheidende Frage, ohne deren Beantwortung keines der anstehenden Probleme gelöst werden kann, lautet deshalb: wie die sehr unterschiedlichen lokalen Kulturen des Irak mit der Entwicklung zur Demokratie verbinden, sie in Richtung Demokratie in Bewegung setzen?

Es ist klar, daß es dazu wegen der Unterschiedlichkeit der Ansatzpunkte keine allgemeingültige Antwort geben kann. Trotzdem machen zur Beantwortung dieser Kernfrage derzeit viele illusionäre Ideen die Runde. Sie reichen von der Schaffung einer Verfassungsdemokratie westlichen Musters in den kommenden zehn Jahren bis hin zu einem »offenen« internationalen Freistaat mit amerikanischen Werte- und Wirtschaftsmustern in ähnlichen Zeiträumen.

Aber neben diesen diffusen Vorstellungen gibt es heute auch drei realistische, konkrete und praktizierbare Modelle für eine Weiterentwicklung des Irak in Richtung Demokratie. Sie sind in der Lage, dynamisch und flexibel die Mikro- und die Mesodimension mit der Makrodimension sozioökonomischer und gesellschaftlicher Evolution zu verbinden. Es handelt sich um drei Leitbilder, die den Schwerpunkt auf die Prozeßqualität legen.

### Modell Tatarstan

Das Modell Tatarstan ist ein ökonomisch-soziales Managementmodell Bill Kellers (*New York Times*, 4. Mai 2003) mit offenem Zeitplan.

Tatarstan (Hauptstadt Kazan) ist eine seit August 1990 autonome Region im Südosten Moskaus mit etwa 3,7 Millionen Einwohnern unter russischer Verwaltung. Sie hat in der Umbruchszeit des Ostblocks nach 1989 in mehrfacher Hinsicht ähnliche Prozesse durchlaufen, wie sie dem Irak in den kommenden Jahren voraussichtlich bevorstehen. Mit islamischer Mehrheit und mit Ölvorkommen ausgestattet, drohte unter anderem die Entwicklung zur islamischen Theokratie. Die Verwerfungen in der stark diversifizierten Bevölkerung waren ähnlich tiefgreifend; ebensoviele Rechnungen aus Sowjetzeiten waren offen.

Trotzdem hat sich Tatarstan friedlich entwickelt. Das Land hat Stadien der Entwicklung genommen, die es heute innerhalb seines Umfeldes relativ wohlhabend und zukunftsorientiert machen. Die Grundidee zum Erfolg war: Demokratie westlichen Musters ist wegen der bestehenden Voraussetzungen und Umstände nicht sofort möglich. Demokratie kommt nicht über Nacht, sondern es geht darum, eine Entwicklung in Richtung Demokratie durch Modernisierung in Gang zu setzen. Daher war der erste Schritt in Tatarstan – von totalitär zu autoritär – ein realistischer Zwischenschritt, der dann mittelfristig hin zu einer illiberalen Demokratie (Fareed Zakaria) und dann zu einer echten (liberalen) Demokratie führen soll.

Der Schritt von totalitären zu autokratischen Verhältnissen wurde in den Jahren seit 1990 vor allem durch drei strategische Maßnahmen vollzogen. Erstens: eine lokale Autorität, die das Land und seine Regeln über lange Zeiträume von innen kennt, zur neuen Leitfigur wählen lassen – sofern das Volk das will. Im Fall Tatarstans war es Mintimer S. Schajmijew, ein tatarischer Nationalist. Er bezeichnete sich von Anfang an selbst eher als feudalen Populisten denn als Demokraten. Schajmijew scheint bis heute die regionalen Wahlen zu gewinnen, weil er einerseits in der Lage ist, Frieden mit Moskau zu halten und durch Kooperation ständig erweiterte Zugeständnisse zu erarbeiten, ohne andererseits als Marionette zu gelten.

Die daraus folgende Lehre, auf den Irak bezogen, lautet: Verzicht auf die leitende Rolle irakischer Auslandsintellektueller. Statt dessen lokale Führungsgrößen bevorzugen, wenn auch eher autokratischen und traditionell-kulturellen Stils. Im Rahmen einer Politik der kleinen Schritte sollte dann eine langsame Erweiterung der Zugeständnisse an die Autonomisierung des Landes von den Besatzungsmächten und der internationalen Gemeinschaft erfolgen. Durch regelmäßige Autonomiezugeständnisse wird einerseits das Ansehen der Führungspersönlichkeiten in der Bevölkerung gestärkt, ohne daß die Kooperation darunter leidet; andererseits kann so der Übergang von bestehenden in sich entwickelnde soziale Organisationsformen und Reifegrade der Demokratisierung konkret gesteuert werden.

Zweitens: massive wirtschaftliche Förderung, Ankurbelung des Handels, Förderung von Auslandsinvestitionen und eines gemischten industriellen Wachstums, Entwicklung der Arbeitskräfte. Vor allem Import und Einsatz modernster Technologien auf breiter Ebene. Denn dadurch kann das Land in den Produktionsbedingungen relativ schnell zu entwickelten Nationen aufschließen. Durch den wirtschaftlichen Aufschwung wiederum wird die Entstehung und der Aufstieg einer demokratiefähigen Mittelklasse ermöglicht. Flankierend dazu sollte das Augenmerk dem Aufbau öffentlicher Institutionen gelten, von denen alle etwas haben und die man im Lebensalltag bemerkt – wie zum Beispiel des Gesundheitswesens.

Genau diese Doppelstrategie hat die russische Zentralmacht nach 1990 in Tatarstan mit den ihr zur Verfügung stehenden Mitteln verwirklicht. Die daraus folgende Lehre für den Irak lautet: Wirtschaftliche Entwicklung ist ein entscheidender Erfolgsfaktor. Die Voraussetzung dafür ist im Irak durch die Aufhebung des UN-Handelsembargos und die Wiederaufnahme des Ölexports gegeben. Der Irak besitzt die zweitgrößten Erdölvorkommen der Welt. Die Frage ist nur, wer wie damit umgeht. Es wird ein für den Fortschritt der Demokratisierung entscheidender Faktor sein, daß alle beteiligten Seiten wirtschaftlich profitieren, daß aber der Hauptprofiteur das Land selbst ist. Die bisherigen Signale der amerikanischen Besatzungsmacht, die Erdölvorkommen noch längere Zeit direkt oder indirekt kontrollieren zu wollen, sind hier kontraproduktiv.

Drittens: flexibler Umgang mit Religion, Wertesystem und Kultur. Einerseits wurde es in Tatarstan bewußt erlaubt, eine islamische Universität zu gründen und neue Imame auszubilden, die etwa tausend Moscheen des Landes wiederzueröffnen und die Religion frei auszuüben. Andererseits wurde zugleich eine strenge Trennung zur säkularen Staatsorganisation betont, und zwar vor allem durch Aktionen mit Signalwert: zum Beispiel durch das Verbot, daß Frauen auf Paßfotos das islamische Kopftuch tragen oder daß ausländische (meist arabische) Prediger ins Land kommen. Motto: Den Islam blühen lassen, aber innerhalb von Grenzen; besser die autokratische Autorität des Imam anerkennen, als sie unterdrücken.

Die daraus folgende Lehre für den Irak lautet: Man muß von den vorhandenen soziokulturellen Umständen ausgehen und sie anerkennen, zugleich aber klare Grenzen setzen vor allem dort, wo das säkulare Element als Grundlage der Integrität des Staates in Gefahr ist. Auch hier sind im Irak Ansätze bereits vorhanden.

Das Modell Tatarstan ist ein pragmatisches, ökonomisch ausgerichtetes Entwicklungssteuerungsmodell. Es ist erfolgreich, was flexibles, auf ökonomischen Wohlstand als Stabilisierungs- und Entwicklungsfaktor konzentriertes Management aus dem Tag heraus betrifft. Entscheidend ist: Es wird keine Volldemokratie angestrebt, sondern zunächst der Übergang von dem vormals totalitären zu einem autoritär-nationalen Wertesystem; dadurch ist eine Einigung und Stabilisierung des Landes realistisch. Aber der Entwicklungsprozeß ist damit nicht beendet, sondern muß durch waches Management auf verschiedenen Ebenen fortgeführt werden. Nächstes Ziel ist das Erreichen des Stadiums einer illiberalen Halbdemokratie wie zum Beispiel in Singapur oder in der Türkei.

*Modell Türkei*
Es handelt sich um ein politisches Mehrstufenmodell von Ron Asmus (ehemaliger Mitarbeiter Bill Clintons). Ziel ist die Verwandlung des Irak in eine illiberale Demokratie, wie es die Türkei heute ist, innerhalb von zehn bis fünfzehn Jahren.

Die Grundidee ist dabei ähnlich der Bill Kellers: schrittweiser Übergang vom alten totalitären System über autoritäre Zwischenstufen zu illiberaler Halbdemokratie mit islamisch-fundamentalistischen Elementen. Grundsätzliche Methode: der Bevölkerung dabei helfen, das politische System selbst von innen heraus zu transformieren, und zwar Schritt für Schritt, der Bewußtseins- und Werteentwicklung der Bevölkerung entsprechend. Dies alles verbunden erstens mit einer Art ökonomischem Marshallplan für den gesamten Nahen Osten und zweitens mit der Schaffung

eines politischen regionalen Sicherheitssystems nach dem Vorbild der OSZE als Voraussetzung der Stabilisierung und weiterer ökonomischer Entwicklung.

Dazu kommt laut Asmus, daß die Demokratisierung des Nahen Ostens über den Irak hinaus langfristig nur im Rahmen eines Zusammenschlusses der arabischen Welt zu einer echten »Arabischen Union« erfolgreich sein kann – und zwar nach dem Modell der Europäischen Union, das praktikabler und dem Nahen Osten näher ist als das der Vereinigten Staaten, unter anderem wegen der Verwandtschaften in nationaler Inhomogenität und in den unterschiedlichen Historien, Identitäten, Kulturen und Sprachen. Der Transformationsprozeß, den Asmus im irakischen Zentrum der nahöstlichen Welt hin zum benachbarten türkischen Modell anstrebt, schließt die Veränderung von Iran, Ägypten und Saudi-Arabien als strategische Seitenglieder integral ein.

Asmus macht sich keine Illusionen über die gewaltigen Anstrengungen und die Dauer eines solchen Vorhabens. Er weist immer wieder darauf hin, daß in diesem Modell die Verbindung von nationaler und regionaler Entwicklung in Politik und Ökonomie strategisch entscheidend ist und daß dazu Bewußtseinsbildung und kulturelle Aspekte der Schlüssel sind.

*Modell einer geschichteten Demokratie*
Während die ersten beiden Modelle zwar kulturellen Faktoren bei der Demokratisierung des Irak eine wichtige Rolle einräumen, aber doch eher ökonomisch und politisch ausgerichtet sind, weist das dritte Modell einer geschichteten Demokratie *(stratified democracy)* einen eindeutig kulturellen Schwerpunkt auf. Hier sind die kulturellen Aspekte die Primärfaktoren, von denen die ökonomischen und politischen Faktoren in weiten Teilen abhängen. Es handelt sich um ein Entwicklungsmodell von Alan Tonkin, dem Vorsitzenden der unabhängigen Global Values Group mit Sitz in Dallas und Kapstadt.

Die Grundidee ist: Ohne Wertearbeit und ohne entwicklungspsychologisch geschichtete Makroperspektive der Kulturentwicklung gibt es auch keine nachhaltige politisch-soziale Entwicklung im Irak. Ziel ist, im Irak in einem Zeitrahmen zwischen fünfzehn und dreißig Jahren ein dynamisches Werte- und Kulturentwicklungsmodell zur Anwendung zu bringen, das die Basis für eine schrittweise Verwandlung des Irak in eine Demokratie schaffen soll.

Tonkin geht davon aus, daß die menschliche Werte- und Bewußtseinsentwicklung einer psychosozialen Gesetzmäßigkeit folgt, die jedem gesellschaftlichen und politischen Evolutionsprozeß zugrunde liegt. Diese Gesetzmäßigkeit wurde von der globalen vergleichenden Sozialforschung amerikanischer Universitäten seit den siebziger Jahren herausgearbeitet. Dabei ging man davon aus, daß Werteentwicklung und soziale Verhaltensweisen und Organisationsformen eng zusammenhängen. Horde, differenzierte Gruppe, Familienclan, autoritärer Nationalstaat bis hin zur illiberalen und schließlich liberalen Demokratie werden als externalisierte und dabei symptomatische Ausdrucksformen von stufenweise geschichteten Werteverhältnissen und soziokulturellen Grundeinstellungen gedeutet. Das sich dabei ergebende Gesamtbild einer kollektiven Entwicklungspsychologie, die – ähnlich wie die psychische Entfaltung eines einzelnen Menschen – urbildlich eine hierarchische Stufenfolge von organisch ineinanderfließenden Stadien durchläuft, wurde »Spiraldynamik« genannt.

Das spiraldynamische Bewußtseins- und Wertemodell geht davon aus, daß sich das strukturale Gesamtbild der kollektiven Entwicklungspsychologie aufgrund der Erfahrung mit weltweiten empirischen Studien bei mehr als fünfzigtausend Personen, die von Clare Graves (Professor für Psychologie in New York) und anderen über Jahrzehnte interkulturell durchgeführt wurden, auf Menschen aller Erdteile, Kulturen und Rassen wie auch auf die Entwicklung von Kulturen und Gesellschaften insgesamt anwenden läßt. Denn in all diesen Zusammenhängen zeigen sich empirisch mehr oder weniger dieselben Gesetzmäßigkeiten: daß Entwicklung verschiedene Stufen durchläuft, daß sie sich hierarchisch vom Niederen zum Höheren entwickelt, daß sie von einer Stufe zur nächsten voranschreitet, daß dabei die jeweils nächsthöhere Stufe die niedrigere sowohl transzendiert wie auch einschließt und daß bei alledem das Überspringen von Entwicklungsstufen problematisch ist.

Im Ganzen besehen bedeutet das für den heutigen Irak wie bei den Beispielen Tatarstan und Türkei: Die Entwicklung sollte, als Summe innerer Differenzierung, in den kommenden Jahren zunächst von totalitärem zu national-autoritärem Führungsstil, dann weiter zu illiberalen Demokratieansätzen und erst dann weiter zu bürgerlich-liberalen Formen der Demokratie voranschreiten. Alles andere ist unrealistisch, weil die kulturellen Grundlagen für eine liberale Demokratie westlichen Musters derzeit noch fehlen.

Fazit: Demokratie kann dem Irak in der Tat, wie die irakischen Intellektuellen im In- und Ausland gegenwärtig immer wieder betonen, nicht von außen aufgezwungen werden. Es muß so an den inneren Verhältnissen angesetzt werden, daß sie Richtung Demokratie in Bewegung kommen. Demokratie wird nicht zum unmittelbar zu implementierenden Ziel erklärt, sondern über verschiedene Verwandlungsschritte angestrebt.

Ein systemisches Gesamtentwicklungsmodell, das die Kultur einbezieht, haben die Besatzungsmächte derzeit nicht. Sie sollten es aber schnellstens in ihre Arbeit einbeziehen. Sonst werden die Wahlen, die Zivilverwalter Paul Bremer nach Aussagen vom Juli 2003 bereits für das Frühjahr 2004 anpeilt, kaum realistisch sein. Und auch Unterstützungsresolutionen der Vereinten Nationen für den im Frühsommer 2003 eingesetzten Übergangsregierungsrat werden wenig mehr als Makulatur sein. Außerdem wird die allgemeine Verwirrung und Unklarheit der Lage, die sich nicht zuletzt im Anschlag auf das UN-Hauptquartier und dem Tod des UN-Sondergesandten Vieira de Mello am 19. August ausdrückte, kaum abnehmen.

Vor allem steht ansonsten zu befürchten, daß sich die Charakterisierung der USA durch den amerikanischen Historiker Arnold Toynbee erneut bewahrheiten wird: »Amerika ist ein großer, freundlicher Hund in einem sehr kleinen Zimmer. Jedesmal, wenn er mit dem Schwanz wedelt, wirft er einen Stuhl um.« Die Frage heute ist: nur den Stuhl des Totalitarismus, den er dankenswerterweise bereits umgeworfen hat? Oder auch den Stuhl der Demokratie, der heute im Irak erst so aufgestellt werden muß, daß er stehenbleibt?

# Was macht der trojanische Esel Amerikas im Irak?

## Polen zwischen deutscher Dominanz und französischer Obsession

### Von Adam Krzemiński

Die Fotos polnischer Soldaten in leichten Wüstenuniformen mit sandfarbenen Schlapphüten, die die polnischen Zeitungen Anfang September auf den ersten Seiten brachten, sind zwar ungewöhnlich, aber dennoch nicht ganz exotisch. General Tyszkiewicz befehligt im Irak eine Freiwilligendivision mit 12 000 Menschen aus 21 Ländern: 2500 Polen, 1700 Ukrainer, 1300 Spanier sowie viele kleinere Kontingente, die von Bulgarien bis zu den Fidschis gestellt werden, sollen in der etwa 80 000 Quadratkilometer großen »Stabilisierungszone« für Ordnung sorgen.

Die »polnische Besatzungszone« im Irak ist eine amerikanische Geste. Schon 1991 hatte der polnische Geheimdienst CIA-Agenten aus dem Irak herausgeschmuggelt, und seit dem Abbruch der diplomatischen Beziehungen zwischen Washington und Bagdad wurden amerikanische Belange von der polnischen Botschaft vertreten. Nun revanchiert man sich. Einerseits wurde damit der erfolgreiche Einsatz polnischer Spezialeinheiten gewürdigt, die irakische Erdölterminals und Fördertürme vor einer Sprengung gesichert hatten. Andererseits wollten die Amerikaner jenes »neue Europa«, das sich in der transatlanti-schen Irakkrise eindeutig auf ihre Seite gestellt hatte, politisch aufwerten, was Polen im »alten Europa« gehässige Kommentare bescherte: Polen sei nicht nur ein »trojanisches Pferd« Amerikas, sondern es wolle von zwei Müttern zugleich gestillt werden und stürze sich hundert Jahre zu spät in ein Kolonialabenteuer. Weit gefehlt. Selbst der Vorsitzende der Arabischen Liga, der die amerikanische Besatzung verurteilt, wünschte den Polen Erfolg im Irak, weil sie in der arabischen Welt eben nicht als Kolonialmacht bekannt sind.

Polen hat tatsächlich keine Kolonialgeschichte, wenn man einmal davon absieht, daß es im 19. Jahrhundert selbst gleichzeitig so etwas wie eine Kolonie Rußlands, Preußens und Österreichs war. Und dennoch waren polnische Truppen in der Vergangenheit in Kolonialkriege verwickelt. Nicht erst 1968, als die polnische Armee an der Intervention in der Tschechoslowakei teilnahm und das sowjetische Kolonialreich stützte. Viel früher. Als 1802 polnische Freiwilligenlegionen, die in der Hoffnung auf die Restitution der polnischen Staatlichkeit nach der dritten Teilung an der Seite Bonapartes kämpften, dem künftigen Kaiser lästig wurden, weil er mit

Preußen und dem russischen Zaren gerade Frieden haben wollte, schickte er die Polen prompt nach Haiti, wo sie einen Sklavenaufstand niederwerfen sollten.

Auch im Zweiten Weltkrieg schützten die Polen fremde Kolonien in der Hoffnung, dadurch Punkte bei den Alliierten für die »polnische Sache« zu sammeln. Als die nach Hitlers Überfall auf die Sowjetunion aus den nach 1939 vom NKWD deportierten und inhaftierten Polen von General Anders formierte Armee Stalin lästig wurde, holte Churchill sie über den Iran nach Kirkuk und Mosul zum Schutz der Erdölfelder, bevor sie dann in Italien bei Ancona und Monte Cassino gegen die Deutschen kämpfen konnten, ohne allerdings je als geschlossene Einheit nach Polen zurückkehren zu dürfen.

Der polnische Militäreinsatz im Irakkrieg 2003 hat keine heftigen Debatten in Polen hervorgerufen, auch wenn in den Meinungsumfragen nur 4 Prozent die Kriegsbeteiligung bedingungslos unterstützten. Am 15. Februar, als in Berlin eine halbe Million Menschen gegen den Krieg demonstrierte, schwenkten in Warschau ganze 4000 vor der amerikanischen Botschaft pazifistische Plakate. Auch im Parlament gab es keinen nennenswerten Streit, die Opposition billigte weitgehend die proamerikanische Politik der Regierung. Nur die radikalsten nationalkatholischen Isolationisten erinnerten daran, daß die Großmächte polnische Truppen immer wieder für ihre Ziele verheizt hätten wie Napoleon, als er seine polnischen Gardereiter einen mit spanischen Kanonen bestückten Paß erstürmen ließ. Sie schafften es, wurden im französischen Armeebericht aber übergangen. Seitdem symbolisiert Somosierra in den polnischen Debatten für die einen die tollkühne Tapferkeit der polnischen Ulanen, für andere eine willfährige Naivität im Umgang mit übermächtigen Alliierten, die sich der polnischen Freiwilligen gern bedienen, sie realpolitisch aber auch fallenlassen, wie etwa Roosevelt und vor allem

Churchill 1943–45 zugunsten eines Arrangements mit Stalin.

In der Aufwertung Polens durch die Bush-Regierung sahen manche polnische Publizisten so etwas wie eine nachträgliche Wiedergutmachung des Verrates von 1945. Damals wurde Polen trotz seiner enormen Anstrengungen – es hatte an allen Fronten der Anti-Hitler-Koalition, von England bis Tobruk und von der Ostfront bis zur Atlantikschlacht mehr Soldaten unter Waffen als Frankreich – nicht einmal zur Siegesparade der Westalliierten zugelassen und zwischen den Großen als Verhandlungsobjekt traktiert.

Man darf das lange Gedächtnis der Völker nicht verabsolutieren, man sollte es aber auch nicht unterschätzen. Das Gefühl, endlich sind wir ein anerkannter Partner, der im Rahmen seiner bescheidenen Möglichkeiten dem vom Terroranschlag auf New York gedemütigten Amerika beistehen kann, spielte im Frühjahr 2003 in Polen eine wichtige Rolle. Eine wichtigere ist jedoch die reale Prüfung des polnischen Eigengewichts im Bündnis und in der EU. Und dafür gibt es überhaupt keine Vorbilder und Grundmuster, schließlich erscheint Polen erst jetzt als ein souveränes Mitglied der Nato und der EU auf der europäischen Bühne. Und weder die nackten statistischen Leistungsdaten noch die Größe des Territoriums und die Bevölkerungszahl oder die neuralgische geopolitische Lage allein entscheiden über die polnische Rolle im euroatlantischen Konzert. Darüber hinaus braucht man Erfahrung und gegenseitige Akzeptanz, die nur eine Praxis im Austarieren nationaler Interessen mit übernationalen Kompromissen geben kann.

Die polnische Irakentscheidung, sagt Außenminister Cimoszewicz, entsprang der grundsätzlichen Überlegung, das transatlantische Bündnis zu unterstützen. Und nicht Polen habe das Bündnis gespalten, sondern diejenigen, die sich vehement gegen die amerikanische Politik stellten, sagen alle polnischen Politiker. Weder hat Polen das »neue« vom

»alten« Europa geschieden, noch irgend jemandem verächtlich empfohlen, besser den Mund zu halten. Zugegeben, der polnische Ministerpräsident konsultierte seinen deutschen Kollegen nicht, bevor er den »Brief der Acht« unterzeichnete, doch schließlich waren nicht Polen, sondern Spanier und Briten die Initiatoren. Polen zahlt Lehrgeld nicht nur für fehlende Erfahrung, sondern auch für seine pure Ankunft im westeuropäischen Bewußtsein. Es kennt seinen Stellenwert nicht genau, aber auch die »Alteuropäer« wissen nicht, wie sie mit den neuen Partnern in der EU umgehen sollen. Sind sie überhaupt Partner oder nur Bittsteller, die Anwälte – das heißt gewesene Großmächte – brauchen?

Der ironische Hochmut gegenüber dem »trojanischen Esel Amerikas« gilt nur dem Newcomer im Osten, nie einem Alteuropäer im Westen wie Berlusconis Italien, Aznars Spanien, geschweige denn Blairs Großbritannien. Daß die Polen handwerkliche Fehler machten, gab man in Warschau sofort zu, aber sind Paris oder Berlin in den hektischen Frühjahrsmonaten keine unterlaufen?

In Polen empfand man die Wucht der Geringschätzung Chiracs und eines großen Teils der deutschen Medien als Zeichen der alten Arroganz von Möchtegernhegemonen, die als solche nicht anerkannt werden. Frankreichs Ruf als eine militärische Führungsmacht in Europa ist in Polen seit 1940 ruiniert. Auch in seinem Auftreten im UN-Sicherheitsrat wird Frankreich vor allem als Verfechter eigener nationaler Interessen wahrgenommen. Dahinter steckt mehr als nur eine verschmähte Liebe, sind die alten sentimentalen Bindungen an Frankreich in Polen doch längst verwittert, allen voran die politischen. Daß Frankreich 1945 zu den Siegermächten gehörte, empfand man als ein Geschenk der Angelsachsen, bei allen Leistungen der Résistance und der Freien Franzosen.

Eines der Probleme der polnisch-französischen Beziehungen scheint zu sein, daß Frankreich keine Sprache gefunden hat, die seiner verminderten Rolle in der Welt und in Europa angemessen wäre. Auch wenn es in Frankreich durchaus selbstkritische Debatten gibt, nach außen dringt doch immer wieder der impertinente Stil und das imperiale Gehabe, das man zuletzt bei General de Gaulle akzeptiert hatte. Bei seiner Reise durch Polen im Herbst 1967, die eher einem Triumphzug glich, spürte man noch einen Hauch der alten frankophilen Haltung. Chiracs abweisendes Lächeln auf dem Breslauer Markt dagegen war nicht geeignet, die Scharte auszuwetzen, die seine verbalen Ausfälle gegen die neuen EU-Mitglieder hinterlassen hatte.

Der Irakkrieg hat auch die dereinst von Genscher und Skubiszewski postulierte deutsch-polnische Interessengemeinschaft auf eine Probe gestellt. Polens proamerikanische Haltung fand zunächst in Berlin Verständnis, ebenso wie die deutsche Zurückhaltung in Polen, und dennoch gelang es nicht, die unterschiedlichen Optionen ohne Schaden zu überbrücken, weil dabei das Vertrauen durch mangelhafte Konsultationen beeinträchtigt wurde, und zwar polnischerseits vor der Unterzeichnung des »Briefes der Acht« und deutscherseits vor dem Einschlagen des »deutschen Wegs« auch im Falle eines Krieges mit UN-Mandat.

Doch der schwerste Rückschlag entstammte dem Dunstkreis der Vergangenheit: Der Streit um das vom Bund der Vertriebenen initiierte Zentrum gegen Vertreibungen führte im Spätsommer 2003 zu einer publizistischen Explosion polnischer Befürchtungen, ein Mausoleum des deutschen Leidens könne den nächsten Generationen ein verzerrtes Geschichtsbewußtsein einimpfen, als zählte allein der Holocaust und die Vertreibungen der Deutschen, was nicht nur die Polen von einem Opfer- in ein Tätervolk umfunktionieren würde. Dieser Verdacht war schon bei der Wehrmachtsausstellung entstanden, die erst 1941 und nicht 1939 beginnt, als hätte die Wehrmacht beim Überfall auf Polen noch einen »ritterlichen« Krieg geführt.

Sämtliche polnische Autoritäten wandten sich entschieden gegen ein Zentrum in Berlin, und einige sprachen den Deutschen gar ein Recht auf öffentliche Trauer ab. Den Höhepunkt der Auseinandersetzung bildete die Fernsehübertragung einer Debatte mit der Präsidentin des BdV, die ein rechtspopulistisches Nachrichtenmagazin mit einem Cover begleitete, das die in SS-Uniform gekleidete BdV-Chefin rittlings auf einem auf allen vieren kriechenden Bundeskanzler zeigte. Das einst auflagenstärkste, heute darniederfallende Blatt arbeitete kaltschnäuzig mit alten antideutschen Phobien.

Dieses Manöver geht aber eindeutig gegen die Stimmung in der polnischen Gesellschaft, die sich beim EU-Referendum gerade in den ehemals deutschen Gebieten wie Niederschlesien, Pommern und dem südlichen Teil Ostpreußens dezidierter proeuropäisch entschied als in Ost- und Zentralpolen. Auch die Empathie für das deutsche Leid infolge des Krieges ist erstaunlich hoch. In einer Umfrage der konservativ-liberalen *Rzeczpospolita* befanden 57 Prozent der Befragten, auch die Deutschen seien Opfer des Krieges. Zugleich aber lehnte eine entschiedene Mehrheit der Polen ein Pantheon der deutschen Vertriebenen ab. Das deutsche Leid wird also anerkannt, der Kult darum hingegen abgelehnt.

Die psychologischen Spannungen im brüchig gewordenen »Weimarer Dreieck« sind nicht nur ein Teil der Vergangenheitspolitik, sie haben durchaus etwas mit der Irakkrise zu tun. Die proamerikanische Haltung in Polen (bei gleichzeitiger Distanzierung der Gesellschaft vom polnischen Engagement im Irakkrieg) entspringt der nüchternen Kalkulation, daß nur die von den USA geführte Nato – Bosnien und Kosovo lieferten den Beweis – Polen und Europa Sicherheit geben kann.

Und dennoch ist die Debatte um den polnischen Militäreinsatz alles andere als einhellig. Zu den Kritikern gehörten unter anderem Tadeusz Mazowiecki, Polens erster nichtkommunistischer Ministerpräsident, und Jan Nowak-Jeziorański,

im Zweiten Weltkrieg ein legendärer Kurier, der zwischen dem besetzten Polen und London pendelte. Die politische und moralische Unterstützung der USA durch Polen hält er für richtig und wichtig. Die militärische dagegen überfordere die Polen bei weitem.

Polen solle sich dem Antiamerikanismus in Europa widersetzen, weil Amerika ein Gegengewicht sei zu deutscher Dominanz und zur französischen Obsession, den Status einer Großmacht wiederzuerlangen. »Die Deutschen träumen auch davon, die amerikanische Bremse loszuwerden. In unserem Interesse ist die Präsenz Amerikas in Europa. Um sie zu unterstützen, müssen wir nicht blindlings lieben.« Das polnische Verdienst sei allerdings, gezeigt zu haben, daß Frankreich und Deutschland nicht das ganze Europa repräsentieren, und das sei gut so, »denn die Impertinenz und Arroganz des französischen Präsidenten haben einen Vorgeschmack darauf geliefert, was uns erwartet, wenn wir uns deutscher und französischer Dominanz unterwürfen«.

Für Wojciech Pięciak, den Deutschlandexperten der katholischen Wochenzeitung *Tygodnik Powszechny*, ist jedoch die Irakpolitik für Polen eine vorzügliche Investition. Polen habe mit geringen Mitteln »die Beziehungen zu den USA und die amerikanische Position in Europa gefestigt und Frankreich und Deutschland gezeigt, daß die europäische Politik nicht in Opposition zu den USA stehen darf«. Frankreich habe dabei Vertrauenskapital verspielt, und Deutschland erfahre einen Zusammenbruch seiner Mitteleuropapolitik.

Welche Rolle kann Polen spielen, welches ist sein Eigengewicht, wie ist es auf eine Zusammenarbeit mit anderen vorbereitet? Marek Belka, stellvertretender Chef des Büros für Wiederaufbau und humanitäre Hilfe im Irak, ist optimistisch, nicht zuletzt, weil Polen noch aus den siebziger und achtziger Jahren über langjährige Erfahrungen dort verfüge: »Wenn unsere Experten sich im Irak bewähren, sich als kompetent und ehrlich erweisen und es ihnen gelingt, das Verhältnis zwischen den Bündnispartnern und den Irakis in Ordnung zu bringen, dann werden sie zu einer Verbesserung des Erscheinungsbildes und der Position unseres Landes in der Welt beitragen. Wir werden in eine höhere Liga aufsteigen. Das wird sich nicht in sofortigen finanziellen Vorteilen niederschlagen, aber schließlich betreibt man nicht deshalb internationale Politik.«

Wenn der Irak eine Schule internationaler Erfahrung für Polen ist, dann sind die Polen auch gewillt, Lehrgeld für ihre Fehler zu zahlen. Für ihr naives und unvorbereitetes Angebot an Deutsche und Dänen, das gemeinsame Korps aus Stettin in den Irak zu verlegen, ernteten sie eine brüske Ablehnung. Es war äußerst ungeschickt, sich mit einer so heiklen Frage direkt an die Medien zu wenden. Doch Timothy Garton Ash argwöhnt noch etwas anderes: »Man kann jedoch auch den Eindruck gewinnen, daß die Deutschen einfach nicht imstande waren, den Gedanken zu schlucken, daß sie unter direktem Befehl der Polen in einem von den Amerikanern geführten Einsatz dienen sollten. Es ist eines, den Polen in einer großzügigen Geste der ›Versöhnung‹ die Hand zu reichen, aber etwas anderes, so viel authentischen Respekt zu beweisen, daß man unter ihrer Führung dient«, schrieb er in der *Gazeta Wyborcza*.

Die polnische Emanzipation bahnt sich gerade ihren Weg auf der internationalen Bühne. Für eine Nation, die im 19. Jahrhundert in Europa noch den Status der Kurden heute hatte, für einen Staat, der, 1918 wiederbegründet, unvorstellbare Kriegserschütterungen, Veränderungen seiner Grenzen und ethnischen Zusammensetzung, einen teilweisen Verlust der Souveränität und schließlich 1989 die Selbstbefreiung »mit Augenmaß und Leidenschaft« erlebte, gibt es im Bewußtsein der »Alteuropäer« keine brauchbaren Muster: Sie konnten im 19. Jahrhundert ganz ohne Polen und im 20. mit einem abhängigen Polen leben.

## Peter Bender: Weltmacht Amerika – Das Neue Rom

289 Seiten, mit Zeittafel, kommentierte Bibliographie, Personenregister
gebunden mit Schutzumschlag
€ 19,50 (D) / sFr 34,–
ISBN 3-608-96002-3

»Ein brisanter politisch-historischer Essay«

*Die Zeit*

Sind die Amerikaner die Römer unserer Zeit? Peter Bender spekuliert nicht, sondern befragt die Geschichte vom Altertum bis ins Jahr 2003.

**Klett-Cotta**
www.klett-cotta.de

Die Polen sind sich darüber im klaren, wie hoch sie sich selbst die Meßlatte gelegt haben, gehen dieses Risiko aber ein, weil sie wissen, daß es keinen anderen Weg als das »learning by doing« gibt. Daß dies auch zu Mißstimmungen bei den Nachbarn führt, meldete die Korrespondentin der *Gazeta Wyborcza*, Anna Rubinowicz-Gründler, aus Berlin: die Deutschen betrachteten »Polen als ein unberechenbares Land, bereit zu jähen politischen Umschwüngen und über die Maßen eigensinnig«. Wie anders aber soll ein Aufsteiger die Horizonte seiner Möglichkeiten und deren Grenzen kennenlernen?

# Go North!

## Lateinamerika wird zum Kontinent der Auswanderung

VON GERHARD DREKONJA-KORNAT

Lateinamerika ist Einwanderungskontinent. So steht es in jedem einschlägigen Text. Heute freilich stimmt der Satz nicht mehr. Lateinamerika mutiert zu einem Kontinent der Auswanderung. Präziser: Lateinamerika, immer sichtbarer mit Armut geschlagen, stößt Teile seiner Bevölkerung ab. In einigen Fällen, Argentinien, Mittelamerika oder Kolumbien, lassen sich sogar Anzeichen einer Massenflucht ausmachen. Rette sich, wer kann – dieser Satz scheint zum Motto unserer Dekade zu werden. »Wir exportieren Jugendliche«, schreibt betroffen Eduardo Galeano, Uruguays Historiker-Poet, dessen Bestseller *Die offenen Adern Lateinamerikas* in den siebziger Jahren den Ressourcenhunger der metropolitanen Gesellschaften beklagte. Heute hat Lateinamerikas traditionelles Exportangebot keinen Wert mehr. So bleibt den Jungen nur das Eingeben des eigenen Körpers, die Flucht: Pro Stunde verlassen 58 Latinos ihre Heimat, eine halbe Million im Jahr.

Lateinamerika als Kontinent für Einwanderung hatte entgegen üblicher Annahme nur selten Konjunktur. Denn zwischen 1500 und 1800, als die spanische und die portugiesische Krone die Neue Welt zu administrieren versuchten, kam es zu keiner Masseneinwanderung. Insbesondere Madrid wollte die anderen Europäer draußen halten. Schon gar nicht sollten »Moros, Judíos y Heréticos« – dunkelhäutige Mauren, Juden, Häretiker – einströmen. Deswegen hatten die Augen und Ohren der Heiligen Inquisition viel zu tun. Andererseits unterlief man das eigene Regelwerk mit dem Import von afrikanischen Sklaven, rund zwölf Millionen Menschen während der kolonialen Epoche, als Arbeitskraft für die Plantagen, während in der Hacienda-Ökonomie sowie im Bergbau die Indianer schuften mußten. Für die spätere »mestizaje« war damit der Grundstock gelegt.

Lateinamerikas unabhängige Republiken, die im frühen 19. Jahrhundert entstanden, wollten nach europäischem Muster aufsteigen. Die weiße Aristokratie mißtraute der Leistungsfähigkeit von Indianern und freigelassenen Sklaven und setzte nach 1850 auf europäische Einwanderer. Lateinamerikas am Positivismus orientierter Liberalismus des späten 19. Jahrhunderts schuf seine eigene Rassismusdebatte, um in der Praxis mit weißen »Übermenschen« aus Europa den – angeblich – leeren Subkontinent zu bevölkern und das Mestizenblut aufzuweißen (»blanquear la raza«).

Europas große Wanderungsbewegung war bereits in vollem Gang, freilich mit Schwerpunkt Nordamerika (und Australien). Immerhin erreichten von den sechzig bis siebzig Millionen Europäern, die zwischen 1860 und 1930 den Alten Kontinent verließen, an die zwanzig Millionen Lateinamerika, mit Argentinien, Uruguay, Süd-Brasilien und Süd-Chile als bevorzugte Aufnahmeräume. Als im russischen Zarenreich heftige antisemitische Pogrome zu wüten begannen, Vorboten des bösartigen Rassismus der ersten Hälfte des 20. Jahrhunderts, suchten auch Pioniere der jüdischen Wanderbewegung in Südamerika nach Plätzen für »Neuland«-Agrarkolonien. Wo die europäische Arbeitskraft ausblieb, öffnete Lateinamerika zähneknirschend Türen für chinesische und karibische Kulis, die für den Bau von Eisenbahnen und Kanälen zum Einsatz kamen. Die Briten, deren Zuckerplantagen in der Karibik nicht veröden sollten, holten sich als alternative Arbeitskraft, auf der Basis der »indentured servants«, indische und muslimische Kontraktarbeiter, was das Farbenkaleidoskop Lateinamerikas zusätzlich erweiterte.

Spätestens mit der Weltwirtschaftskrise 1929 kam die große Wanderungsbewegung nach Lateinamerika zum Versiegen. Türen öffneten sich in der Folge nur noch aus politischen Gründen: Dreißigtausend Republik-Spanier fanden vor Franco Zuflucht in Mexiko; europäische Antifaschisten, Intellektuelle und Juden, einige Zehntausend, retteten sich in – zögernd handelnde – lateinamerikanische Asylländer; nach 1945 drifteten einige Tausend zentraleuropäische Nazis, Faschisten und junge Techniker nach Brasilien und Argentinien, um in den lokalen Militärindustrien zu reüssieren (was interessante Prototypen an Raketen und Düsenflugzeugen ermöglichte, von denen allerdings keiner Serienreife erreichte). Als 1990 die Sowjetunion implodierte, versuchten einige lateinamerikanische Staaten – Kolumbien handelte besonders eifrig –, russische Wissenschaftler als Einwanderer zu gewinnen; wer kam, wanderte wenig später in die USA weiter.

Lateinamerikas Attraktivität als Migrationsraum verschliß endgültig während der »verlorenen Dekade« mit der Schuldenkrise der achtziger Jahre, der die zweite »verlorene Dekade« in den Neunzigern folgte, als der neoliberale Umbau die lateinamerikanische Mittelklasse zerrieb, die Armut besorgniserregend anhob und weite Teile der Bevölkerung in den informellen Sektor stieß. Nur noch Abenteurer und Eigenbrötler ziehen heute nach Lateinamerika. Hingegen wollen viele Lateinamerikaner auf Teufel komm raus ihre Heimat verlassen. Aber wohin? Afrika und Asien schrecken eher ab. Europa – das der Europäischen Union – igelt sich ein und läßt keine »sudacas« (das Schimpfwort der Spanier für südamerikanische Armutsflüchtlinge) herein. Lediglich die Enkel der seinerzeitigen Auswanderer erhalten eine Chance: Spanien und Italien definieren ihr Staatsbürgerrecht neu, um Nachkommen der Auswanderer die Möglichkeit legaler Rückwanderung zu bieten. Allein in Argentinien bewerben sich eine halbe Million Menschen um diese historische Chance. Alle anderen können nur auf Nordamerika setzen, auf Kanada und die USA, um legal oder illegal in dieses Gelobte Land zu gelangen, dem High-tech-Limes zum Trotz, den die USA entlang ihrer Südgrenze errichten, um sich vor dem Ansturm der Armutsflüchtlinge aus Lateinamerika zu schützen. Vergebens – die Flut steigt ständig an, und nicht einmal die täglich vor der Grenze Gestrandeten können ihr Einhalt gebieten.

Somit dreht sich einmal mehr alles um die Vereinigten Staaten. Von den fast dreihundert Millionen Menschen, die heute in den USA leben, stellen »Hispanics« oder »Latinos« bereits 13 Prozent und haben damit die 12 Prozent der Afroamerikaner überholt. Zwischen Kalifornien und Texas werden die Weißen von Hispanics (und Asiaten) überflügelt, und um 2050 werden die Weißen insgesamt zur Minderheit absteigen. Das weiße, protestantische und englischsprachige Land wird zusehends katholisch, farbig und zweisprachig – mit »Spanglish« als neuer Lingua franca.

In der europäischen Migrationsdebatte dominieren heute besorgte Stimmen, weil wir auf dem Alten Kontinent mit der von Gastarbeitern und Wirtschaftsflüchtlingen verursachten Multikulturalität nur schwer zu Rande kommen. In den beiden Amerikas stehen die interessanten und optimistischen Aspekte im Vordergrund. Dank des massiven Zuzugs bleibt zum Beispiel für die USA das europäische Problem der Alten oder der Pensionskassen aus. Auf unerwartete Weise profitiert sogar Lateinamerika davon: Anstatt ob der Katastrophe des Brain drain und anderer Verödungen zu verzweifeln, sei hier auf die »remesas« (die Schweizer verwenden dafür das elegante Wort »Rimessen«) verwiesen. Diese Überweisungen der nach Nordamerika abgewanderten Latinos bewahren heute Lateinamerika vor dem wirtschaftlichen Zusammenbruch. Fast alle lateinamerikanischen Gesellschaften funktionieren heute – insbesondere im Bereich der Unterschichten und des informellen Sektors – überhaupt nur noch dank dieser Rimessen, und seien es auch nur die fünf Dollar, die ein Migrant monatlich an die Großfamilie zu Hause transferiert. Eine Studie der Interamerikanischen Entwicklungsbank stellt fest, im Jahr 2002 seien auf diese Weise 32 Milliarden Dollar nach Lateinamerika-Karibik geflossen. Davon lebt heute der Subkontinent, auch Kuba, wo die Zentralbank solche Überweisungen, mindestens 1,5 Milliarden Dollar im Jahr, als »exportaciones en frontera« zu formalisieren versucht.

Noch wichtiger als der wirtschaftliche Aspekt ist der kulturelle. WASP-Amerika schrumpft. Unaufhaltsam rückt die »cultura hibrida« vor, die von den Hispanics geprägte Hybridkultur.[1] Dank dieser rasch erstarkenden Alternativkultur erleben die USA einen Kreativitätsschub, an dem auch die Kinder der Exilkubaner in Süd-Florida wichtigen Anteil haben. In der Popkultur entstehen neue Klangräume, in der Literatur tauchen junge Latino-Autoren auf, die noch irgendwo in Lateinamerika das Licht der Welt erblicken, aber inzwischen die meiste Zeit in den Vereinigten Staaten leben oder an einer Universität lehren und oft nur noch auf englisch schreiben: Sollte sich auch in diesem Fall das Zentrum von der Peripherie her erneuern?

In jenen Dekaden, als die Wortführer der nationalrevolutionären Strömungen heftig gegen den US-Imperialismus wetterten, schrieb der spätere Nobelpreisträger Pablo Neruda an seiner *Ode an die Amerikas*. Darin treten die Gringos als neue Konquistadoren auf, die die Schätze des Kontinents an sich reißen und den Mädchen, »die ihre Hüften verrenken, um die Tänze des großen Affen zu lernen«, lose Sitten beibringen. Genau das Gegenteil tritt ein: Weißhäutige lernen mit dem Hintern zu wackeln und verrenken sich in heißen Salsa-Rhythmen. Kein republikanischer Konservativer wird diese kulturelle Revolution des neuen Jahrhunderts aufhalten können.

Wir dürfen gespannt sein, wie die USA aufgrund solcher Metamorphosen in zehn oder zwanzig Jahren aussehen werden. Vielleicht erleben wir innerhalb der nächsten Generation den Triumph der »raza cosmica«, des aus allen Rassen zusammengeschmolzenen Menschen, wie ihn am Beginn der mexikanischen Revolution Kulturminister José Vasconcelos erträumte. Gilberto Gil, Samba-Trip-hop-Musiker aus Salvador de Bahia und heute Brasiliens Kulturminister, besingt bereits das »transkulturelle Volk«. Daß dieser Vorgang partout in den Vereinigten Staaten ausreift, entbehrt nicht der historische Pikanterie.

---

[1]    Vgl. Néstor García Canclini, *Hybrid Cultures. Strategies for Entering and Leaving Modernity.* Minneapolis: University of Minnesota Press 1995.

# Kant und der Irakkrieg

## Eine Erwiderung

Von Manfred Bierwisch

*Die Macht im Recht* – unter diesem programmatischen Titel erörtert Volker Gerhardt im Juliheft des *Merkur* auf ebenso persönliche wie prinzipielle Weise das, was man Grundfragen der Weltlage nach dem 11. September 2001 nennen könnte. Der Titel ist eigentlich doppeldeutig, aber er verweist hier nicht, was bei einem aufs Prinzipielle zielenden Raisonnement durchaus denkbar wäre, auf die im Recht enthaltene, also aus ihm hervorgehende Macht, sondern ziemlich eindeutig auf den Anspruch, daß die Macht, von der im weiteren die Rede sein wird, im Recht ist mit dem, was sie tut. Denn die mit philosophischen Argumenten gestützten Darlegungen laufen auf die Folgerung hinaus, daß die hegemoniale Rolle der Vereinigten Staaten nicht einfach eine Tatsache ist, sondern die Grundlage einer säkularen, aufgeklärten demokratischen Friedensordnung bilden könnte, daß den USA die Demonstration ihrer Macht also zu danken wäre.

Zunächst gibt Gerhardt zur Einordnung der Situation, die durch den Terroranschlag vom 11. September ins allgemeine Bewußtsein getreten ist, eine knappe, aber stichhaltige Kennzeichnung des komplexen und durch viele Faktoren getriebenen Globalisierungsprozesses, an dem wir alle immer schon beteiligt sind. Um dem Selbstlauf seiner ökonomisch-technologischen Dynamik nicht einfach unterworfen zu sein, wären allerdings grundsätzliche Reformen nötig, deren Begründung Gerhardt bereits vor zwei Jahrhunderten bei Kant formuliert findet.

Die komplizierten und widersprüchlichen Bedingungen der gegenwärtigen Weltlage werden dann aber aus einer Sicht kommentiert, die sich mit massiver Kritik vor allem gegen zwei Ziele richtet. Das eine ist ein diffuses und einigermaßen emotional behandeltes Spektrum von Positionen, in denen Islam und Islamismus zu einem problematischen Kontinuum verschmelzen, wobei die durchaus zutreffenden Wertungen des unaufgeklärten Islam aber ausblenden, daß es modernen Fundamentalismus eben nicht nur in dieser Religion gibt.

Gerhardts stark verkürzte Einordnung des Islam soll jedoch nicht das Thema dieses Einspruchs sein. Eher schon das andere Ziel seiner Kritik, die (in Wahrheit keineswegs nur europäischen) Bedenkenträger gegen die ungebrochen amerikazentrische Deutung der Weltlage. Sie bleiben zwar weitgehend anonym, sind aber als die unbelehrbaren Achtundsechziger, Spät- oder Postmarxisten und insgesamt die Irakkriegskritiker erkennbar. Gegen Ende werden sie alle zusammengefaßt als die »sogenannten Intellektuellen«, die, wenn sie wieder zu Humanisten geworden sein sollten, an der neuen Weltordnung mitwirken dürfen – nicht nur als Kritiker.

Die verkürzte und einseitige Sicht, die diesen Bedenkenträgern entgegengehalten wird, blendet auf eigentlich unverständliche Weise alles aus, was dem Beifall zur Hegemonialrolle der USA auch und gerade unter der Bush-Administration mit ihrer neokonservativen Orientierung im Wege steht. Es gehört ja zur Kontinuität der amerikanischen Außenpolitik, um nur ganz wenige Beispiele zu nennen, die Mitwirkung am Sturz der demokratischen Regierungen Mossadeghs in Persien oder Allendes in Chile, auch die jahrelange Billigung Saddams oder die Unterstützung der Contras in Nicaragua, vom verhängnisvollen Vietnam-Trauma nicht zu reden.

Und andererseits gilt vom Umwelt-
schutzabkommen bis zum Internationalen Gerichtshof: Die USA führen nicht
die anderen Nationen, sondern brüskie-
ren sie in essentiellen Bemühungen um
eine annehmbarere Weltordnung durch
die Arroganz der Macht und durch
Selbstherrlichkeit, wo sie Primus inter
pares sein sollten. Wie angesichts dieser
Mißverhältnisse ein für die anderen Staaten akzeptables singuläres Vetorecht für
die USA im UN-Sicherheitsrat ernsthaft
erwogen werden könnte, das gehört zu
den Rätseln, die Gerhardts Analyse aufgibt. Die Eigenartigkeit seiner Sicht ließe sich noch durch manche Einzelheiten
belegen und anreichern, etwa durch die
Merkwürdigkeit, daß er bei der Erläute-
rung des derzeitigen Vetorechts im UN-
Sicherheitsrat das Vereinigte Königreich
ausläßt, vermutlich weil die einzig verantwortlich handelnde Macht, die USA,
dem nur durch einen längst überholten
historischen Zufall möglichen Miß-
brauch des Vetorechts durch die drei Op-
ponenten gegenübergestellt werden soll.

Diesen Hintergrund muß man vor
Augen haben, wenn es um die besondere
philosophische Begründung geht, die
Gerhardt dem amerikanischen Füh-
rungsanspruch und dem Eingreifen im
Irak zukommen lassen will. Die bereits
angedeutete Berufung auf Kant wird dabei durch eine aktuelle Interpretation
der vielberufenen Schrift *Zum ewigen
Frieden* konkretisiert. Eine solche Apologie der Intervention im Irak, das aber
läßt sich eindeutig zeigen, würde Kant
nicht durchgehen lassen, soweit eine solche Inanspruchnahme überhaupt zulässig ist.

Gerhardt kritisiert in seiner Rechtfertigung der amerikanischen Intervention
gegen Saddams diktatorisches Regime
im Irak zunächst zu Recht die illusionäre
Auffassung, nach der die Uno als Verwirklichung des von Kant anvisierten
Völkerbunds gedeutet wird, die mit sozusagen grundsätzlicher Autorität ausgestattet ist. Der erste von Kants drei
Definitivartikeln zum ewigen Frieden
lautet aber »Die bürgerliche Verfassung

in jedem Staate soll republikanisch sein«
und verlangt also mit Entschiedenheit
eine eindeutig demokratische Gesellschaft als Grundlage für einen verläß-
lichen Frieden, und zwar weil nur in ihr
die Vermeidung des Krieges ein echtes,
nämlich auf das Interesse jedes einzelnen
Bürgers gegründetes Staatsziel sein
kann.

Darum wird, wie Gerhardt folgerich-
tig reklamiert, der zweite Definitivartikel »Das Völkerrecht soll auf einen Föde-
ralism freier Staaten gegründet sein« zu
Unrecht angesehen als das eigentliche
Kernstück des Kantschen Konzepts, das
nun in den UN Gestalt anzunehmen beginnt. Denn es kann ja kein Zweifel daran bestehen, daß nur auf eine sehr kleine
Zahl der 191 UN-Mitgliedsstaaten der
erste Definitivartikel zutrifft. Die Entscheidungen der UN können daher den
von Kant gedachten Frieden, der kein
Naturzustand ist, sondern gestiftet werden muß, in keiner Weise garantieren.

Das wird auf fast schmerzliche Weise
klar durch den dritten Definitivartikel
»Das Weltbürgerrecht soll auf Bedingungen der allgemeinen Hospitalität
eingeschränkt sein«, wobei Hospitalität
ausdrücklich nicht mit Gast- oder gar
Asylrecht verwechselt werden soll. Mit
ihr ist nichts anderes als die Möglichkeit
des freien, unbehinderten Besuchsauf-
enthalts als selbstverständlich gesicher-
tes Recht beschrieben. Mehr ist nach
Kants Konzept nicht nötig.

Von dem durch diese drei Artikel bestimmten Zustand sind wir ungeachtet
aller Globalisierung weit entfernt. Sofern Gerhardt das sagen will, ist nichts
als Zustimmung möglich. Daraus zieht
er allerdings eine Folgerung, die mit
Kants Darlegungen in keinerlei Über-
einstimmung mehr gebracht werden
kann. Da die demokratischen, zivilisierten Nationen nun einmal mit despoti-
schen, zum wirklichen Frieden und zur
Duldung individueller Selbstbestim-
mung grundsätzlich weder bereiten noch
fähigen Staaten konfrontiert sind, sollte
nach seiner Meinung wenigstens da, wo
es möglich ist, die Herrschaft der Despo-

tien gebrochen werden, wie in Bosnien, in Afghanistan und eben im Irak, um den Bedingungen des friedlichen Miteinanders immerhin schrittweise näher zu kommen.

An Saddam Hussein ist ein Exempel statuiert worden. Das darf keine Ausnahme bleiben, heißt es bei Gerhardt geradeheraus, und da erschrickt man dann doch. Was diese gefährliche Folgerung aber gänzlich ausblendet, ist nicht nur die Frage, wer wann und mit welcher Legitimation über das nächste zu statuierende Exempel entscheiden darf und soll, sondern daß Kants Entwurf *Zum ewigen Frieden* solche Erwägungen insgesamt rigoros ausschließt.

Kant beschreibt und begründet nämlich nicht nur den weit entfernten Idealfall. Vielmehr ist dem zweiten Abschnitt, dem Gerhardts Kommentare gelten, ein »Erster Abschnitt, welcher die Präliminarartikel zum ewigen Frieden unter Staaten enthält« vorangestellt, den Gerhardt einfach übergeht. Und dieser Abschnitt befaßt sich ausdrücklich und realistisch mit den Bedingungen vor dem ewigen Frieden, also mit dem Zustand zwischen den Staaten, in dem wir uns befinden. In sechs Artikeln werden da so etwas wie Mindestbedingungen für das Kriegsrecht formuliert und zum Beispiel in Artikel 6 Meuchelmord (modern gesprochen auch Terrorismus), Anstiftung zum Verrat und Giftmischen, also auf jeden Fall B- und C-Waffen, ausgeschlossen. Und der Artikel 5 dieses ersten Abschnitts verlangt knapp und klar »Kein Staat soll sich in die Verfassung und Regierung eines andern Staats gewalttätig einmischen«.

Daß für Kant damit auch und gerade die von Gerhardt beanspruchte Rechtfertigung für die Bush-Administration zurückzuweisen ist, wird ganz klar, wenn es zur Begründung des Artikels 5 heißt: »Denn was kann ihn dazu berechtigen? Etwa das Skandal, was er den Untertanen eines andern Staats gibt?« Die Empörung über ein skandalöses Regime und seine Beseitigung legitimiert für Kant also auf gar keinen Fall eine gewaltsame

Intervention, und selbst in einen inneren Streit – das heißt wohl einen Bürgerkrieg – darf man sich nach Kants Maßgabe nur dann mit Beistand von außen einmischen, wenn ein Staat sich in zwei Teile gespalten hat, die je einen eigenen Staat darstellen (wie vielleicht beim Zerfall Jugoslawiens).

Diese strikte militärische Nichteinmischung definiert eine sehr unkomfortable Position, wenn offenkundig Menschenrechte verletzt werden. Sie hätte nicht einmal den Einsatz im Kosovo zugelassen, wo es zur Bildung selbständiger Staaten ja (noch) nicht gekommen ist. Aber sie legt klare Verhältnisse ziemlich realistisch fest. Denn immerhin halten sich zusammen mit der Völkergemeinschaft auch die mächtigen demokratischen Vereinigten Staaten oft genug an diesen Realismus, nicht nur in Nordkorea, sondern rund um die Welt, von Pinochets Chile bis Burma oder Mugabes Simbabwe. So wird zwar gewiß nicht der ewige Frieden, aber immerhin eine Art Burgfrieden aufrechterhalten.

Dies alles muß uns hier nicht irritieren, könnte Gerhardt einwenden, denn es gilt nicht für das Exempel, das am Irak statuiert wurde. Der Irak hat selbst gegen das im Präliminarartikel 5 formulierte Verbotsgesetz verstoßen, er hat seine Nachbarn überfallen und die Völkergemeinschaft mit Massenvernichtungswaffen bedroht, die selbstverständlich auch für Kant geächtet wären. Hier aber liegt der entschiedene Bruch zwischen dem ersten Golfkrieg und auch dem Krieg gegen das Talibanregime einerseits und dem zweiten Golfkrieg andererseits.

Wie fragwürdig auch immer die Details waren, die zum ersten Golfkrieg geführt haben, jedenfalls hatte Saddam Kuwait überfallen, und der Krieg war eine von der Völkergemeinschaft gebilligte Intervention. Die gleiche Rolle haben die UN bei der Aktion gegen die Urheber des Terroraktes vom 11. September gespielt. Diese Rolle ist allerdings bei Kant für den Völkerbund, der ja eine Föderation von echten Demokratien ist,

weder vorgesehen noch nötig (sowenig
sie etwa innerhalb der EU nötig wäre).
Sie gehört, wie die Uno insgesamt, eher
zu dem Realismus, den die Präliminarartikel beschreiben, freilich ohne Völkerbund.

Der Unterschied, der allen bewußt
war und bleibt und der die Proteste gegen den Krieg ausgelöst hat, die es beim
ersten Golfkrieg und bei der Eroberung
Afghanistans mit gutem Grund nicht
gegeben hat, dieser Unterschied liegt in
der Motivation und Vorgeschichte des
Irakkrieges. Völlig unabhängig von den
düsteren oder überheblichen Prognosen,
mit denen die Kriegsvorbereitungen be-
gleitet wurden, war für jedermann offenkundig, daß die angegebenen Gründe
nicht nur nicht zu belegen waren und
ständig modifiziert und verschoben wurden, sondern daß sie insgesamt nicht
stimmten. Der Krieg wurde nicht geführt, weil Saddam ein widerlicher Diktator ist – das war er von Anfang an, und
alle wußten das längst –, sondern angeblich, weil er Massenvernichtungswaffen
hatte und mit ihnen die islamistischen
Terroristen auszurüsten drohte.

Beide Gründe wurden vor dem Krieg
ebenso vehement behauptet wie massiv
bezweifelt, ein Umstand, der in Gerhardts Beurteilung der Rolle des Sicherheitsrates einfach nicht vorkommt. Vor
allem aber konnten sie nach dem Krieg
nicht verifiziert werden, sie wurden vielmehr, was eigentlich schlimmer ist, offen
und zynisch als Vorwand deklariert: Der
stellvertretende US-Verteidigungsmini-
ster Wolfowitz hat unverblümt einge-
räumt, daß die Massenvernichtungswaffen, um die im Sicherheitsrat dramatisch
gestritten wurde und die nun unauffind-
bar sind, ganz einfach die Begründung
waren, für die vor allem im verschreck-
ten eigenen Land am leichtesten Zustimmung zu finden war.

Die Bewertung dieses Manövers verlangt nun, sich noch einmal auf Kant
zu besinnen, den Gerhardt mit hohem
Anspruch ins Spiel gebracht hat. In der
kleinen Schrift *Über ein vermeintes Recht
aus Menschenliebe zu lügen* besteht Kant

auf dem bedingungslosen Anspruch auf
Wahrheit im Umgang der Menschen
miteinander. Selbst dann, sagt Kant,
wenn eine Lüge einen Freund vor einem
Mörder schützen soll, ist sie aus prinzi-
piellem Grund nicht zulässig. Den Einwand, daß der vermeintliche Mörder keinen Anspruch auf die Wahrheit habe,
weist Kant mit dem rigorosen Argument
zurück, daß jede Lüge der Menschheit
schadet, indem sie die unverzichtbare
Rechtsquelle, nämlich die wahre Aus-
kunft, unbrauchbar macht.

Was für den gedachten Einzelfall
überzogen oder zumindest konstruiert
scheinen mag, für die Begründung zwischenstaatlicher Handlungen ist es ohne
jeden Zweifel in vollem Maße gültig.
Eine amtlich vertretene Lüge oder auch
nur eine Halbwahrheit, mit der ein krie-
gerischer Eingriff begründet wird, ist ein
Desaster nicht nur für diesen Eingriff,
sondern für die Staatengemeinschaft insgesamt, denn sie untergräbt die Rechtsquelle im Umgang der Völker miteinander.

Daß Lügen und Halbwahrheiten
gleichwohl die Politik beherrschen, gehört zur traurigen Realität, die den
Kantschen Normen nicht gerecht wird.
Es ist aber ausgeschlossen, daß Kant die
Macht, also die USA und ihr Handeln,
hier im Recht sehen könnte. Wenn es
mithin nach Gerhardts Worten darum
geht, die überlegene politische Macht
mit der Macht moralischer Ansprüche zu
verbinden, weil »erst beide zusammen
zu der Macht führen, auf die ein Recht,
das seinen Titel verdient, zu gründen
ist« – wenn es um diesen hohen Anspruch geht, dann ist natürlich der Beginn mit einer zynischen Lüge der Tod
des Unterfangens.

Manche mögen einwenden, daß an-
gelsächsische Juristen das Völkerrecht
eben nicht am Leitfaden einer kanti-
nischen Prinzipienethik interpretieren.
Das ist der Stil des alten Europa, und
wieso soll der verpflichtend sein! Und
die Bemerkung Gerhardts, daß nach
dem Einmarsch in den Irak das Völkerrecht keineswegs in Trümmern liegt,

suggeriert einen ähnlichen »Pragmatismus«. Wieso man aber die Unabdingbarkeit Kantscher Prinzipien nicht beliebig interpretieren oder auch ignorieren kann, genau das zu begründen wäre Sache der Rechts- und Sozialphilosophie. Volker Gerhardt jedenfalls hat sich für die Macht im Recht mit Nachdruck und der Autorität des Philosophen auf Kant berufen. Er muß dann auch die Folgerungen akzeptieren.

Nun muß man Volker Gerhardt, dem Vertreter der praktischen Philosophie, nicht Kant erläutern – da ist er besser zu Hause als irgendein Kritiker es sein könnte. Natürlich kennt er das, was ich hier nachgetragen habe, aber daß er wegläßt, was er wegläßt, das läßt eine Intention erkennen, und über die ist zu streiten.

Denn wir können zwar durch Kants Definitivartikel das Ziel des ewigen Friedens definieren und begründen, aber wir können nicht erwarten, daß der so bestimmte Zustand von selbst eintritt. Und für Gerhardts Frage »Was also ist zu tun?« ist der affirmative Gestus fatal, mit dem er die militärische Übermacht der USA zur Grundlage eines Rechts verklärt, das seinen Titel verdient. Das selbstherrliche Prinzip »My way or no way« ist nicht nur im Sinne Kants unzulässig, sondern auch praktisch kontraproduktiv. Es macht die Welt weder demokratischer noch sicherer.

Ein einfaches und klares Urteil über die ambivalente Situation ist nicht zu erwarten. Ein widerwärtiges Regime ist gestürzt worden, aber um welchen Preis und mit welchem Ergebnis? Ein demokratischer Irak ist nicht in Sicht, jedenfalls wohl nicht ohne die Vereinten Nationen. Und die Akteure, die mit massiven Interessen zu handeln entschlossen sind, werden sich kaum anders als durch Zwang einigen. Wenigstens aber sollte explizit sein, welche Differenzen verantwortet werden müssen. Und das heißt auch, daß eine philosophische Begründung für den Anspruch der USA, anstelle der wenig demokratisch legitimierten Vereinten Nationen die Funktion der Ordnungsmacht wahrzunehmen, bei Kant nicht zu finden ist.

# Ereignisetüden (III)

## Verschiebungen und Kettenreaktionen

### Von Hans Ulrich Gumbrecht

Im siebten Arrondissement von Paris, zum Beispiel in der Rue de l'Université, variieren die Farben der vier- bis fünfstöckigen Häuser von weiß über grau bis gelb. Viele dieser Häuser stehen dort schon seit dem frühen 19. Jahrhundert, seit Jacob Grimm in der Straße bei einem Notar logierte, um auf der anderen Seite des Flusses Manuskripte einzusehen. Das war auch die Zeit, als der Kaiser Bonaparte versprach, auf dem Marsfeld eine Universität einzurichten, die der Rue de l'Université, weil sie dorthin geführt hätte und obwohl das imperiale Projekt nie verwirklicht wurde, ihren Namen gab. Wer lange und konzentriert genug an den Fassaden mit ihren schön-anämischen Farben entlangsieht, wird entdekken, daß die meisten Außenwände zwischen dem ersten und zweiten Stock eine sanfte Ausbuchtung beschreiben, um sich im Parterre wieder dem Niveau der oberen Etagen anzupassen. Einen kleinen Embonpoint haben die Häuser also, wie verdiente, aber nicht gleich dem Luxusleben hingegebene Notare im Vorruhestand, und sie tragen die Rundung zufrieden über so viele in Ruhe und Ordnung durch-standene Jahre. Niemand käme auf den Gedanken, den Wänden eine konstruktive Korrektur angedeihen zu lassen oder den Namen der Straße ändern zu wollen, weil ja gerade die Patina dieses längst noch behaglichen Alters die Rue de l'Université zu einer Allegorie von Paris und von Frankreich überhaupt macht. Allenthalben setzt die gekonnte Ästhetik des Staats das letzte Jahrzehnt des 18. und das erste Jahrzehnt des 19. Jahrhunderts als die definitive (und daher jede spätere Gegenwart begründende) Sequenz der Nationalgeschichte in Szene. Schon so lange, daß es wie »immer« wirkt, sei Frankreich, soll man verstehen, es selbst gewesen, eben das aus bürgerlicher Revolution und Empire geborene Frankreich (als hätten sich 1830, 1848, Haussmanns Reform der Straßenzüge, 1871, 1941 und auch 1968 nie ereignet). Aber was soll sich überhaupt ereignen können in der Hauptstadt einer permanent gelingenden Selbstfeier - außer gelegentlichen Abweichungen von der Ordnung, die sie ist? In den jüngeren Generationen hat eine gemeineuropäische Stimmung diese Monumentalisierung von nationaler Dauer wohl noch verfestigt. Das ist eine Stimmung, in der jener - früher grenzenlosen Ehrgeiz entfachende - Anspruch Frankreichs, eine führende Nation zu sein, überhaupt nicht mehr plausibel ist. Wozu »Größe«? Paris liegt jetzt als Hauptstadt eines mit seinem Status als Mittelmacht im mittleren Europa versöhnten Frankreich wohlig unter einer (unabhängig von der Tagespolitik) stets sozialdemokratisch, ja fast schon skandinavisch weichen Schärpe in blau-weiß-rot, die seine Embonpoints wärmt und vielleicht auch kaschiert. Wer sich nach Ereignissen sehnt und nach Taten mit sichtbaren Folgen, der müßte sie schon von einem der denkmalgeschützten Zäune brechen und sähe dann gleich aus wie ein texanischer Cowboy - in einer Welt, deren Hauptereignis alle zwanzig Jahre doch gerade die Restauration der eigenen Fassaden und Zäune ist.

*

Ereignisse werden erstickt und vereitelt, indem man ihre Form erodiert, und eine Form haben sie, sofern ein Zeitpunkt erkennbar wird, nach dem das aussetzt, was sie zuerst in Bewegung gesetzt hat und was sie selbst in Bewegung setzten. Das ist der Grund, warum seit der offiziellen Erklärung des Kriegsendes im Irak Nachrichtenprogramme weltweit, aber nirgends mit zäherer Genugtuung als in Paris und Berlin, Tag für Tag die Zahl der erschossenen amerikanischen und britischen Soldaten auf den neuesten Stand brachten und mit unverhohlen triumphalen Akzenten bilanzierten, daß der Krieg eben doch nicht abgeschlossen sei, als diese Zahl endlich jene der während der offenen militärischen Auseinandersetzung gefallenen Soldaten der Koalition erreicht hatte. Es klang wie bei einer breitangelegten Spendenaktion: alle Vorauskalkulationen hätten sich nach einigem Warten bestätigt, keinen Anlaß zu ihrer Revision habe es je gegeben, denn dieser Krieg sei eben, wie man ja längst gewußt habe, prinzipiell nicht zu einem Ende zu bringen. Das Ende des Ereignisses und mithin seine Form waren also aufgehoben. In ihrem Meinungskampf um den Schlußstrich, der dem Irakkrieg eine Form geben und ihn so zum Ereignis hätte machen können, verstehen die amerikanische Außenpolitik und ihre Widersacher einander durchaus. Einmal unterstellt, daß es der amerikanischen Politik tatsächlich um eine unilateral und aktiv herbeigeführte Revolution geht (oder um eine Sequenz von solchen Revolutionen): sie braucht dann jedenfalls eine Grenze, ein Ende des ausgelösten Geschehens, von dem zurückblickend die neue Gegenwart als vollzogene Veränderung oder gar Umkehrung gegenüber einer früheren Gegenwart in Erscheinung treten kann. Diese abschließende Grenze wollen die

Kontrahenten der Vereinigten Staaten in
der Debatte über weltpolitische Strategie nicht anerkennen und schieben sie
also auf den Beginn des Krieges zurück,
weil Ereignisse für sie eben ausschließlich Störungen bestehender Ordnungen,
nie aber ihre gewollten Veränderungen
sein können. Wie auf den Trottoirs von
Paris werden Ordnungsstörungen dann
mit allseits bekanntgemachten Strafen
geahndet, und in diesem Sinn soll die
postulierte Unabschließbarkeit des Irakkriegs die Strafe für jene Transgression
sein, mit der er begonnen habe. Hier
genau liegt das Energiezentrum der politischen Spannung und nicht nur eine
rhetorische Dimension, in der diese
Spannung ausgetragen wird. Es geht
eben nicht »allein um Öl«, noch weniger
»nur um Israel« und schon überhaupt
nicht um einen Gegensatz in der Auslegung »humanitärer Werte«. Vielmehr
vollzieht sich die Auseinandersetzung
zwischen jenen (nicht nur europäischen)
»Europäern«, die »Ereignisse« auf Abweichungen von der bestehenden Ordnung und auf minimale, stets durch Prognosen vorweggenommene Veränderungen einschränken wollen, und jenen
(nicht nur amerikanischen) »Amerikanern«, die als potentielle Revolutionäre
davon träumen, daß man Ereignisse immer noch handelnd herbeiführen und
zum Abschluß in einer kontrolliert voll-
zogenen Umgestaltung bringen kann.
Ein Gegensatz der Weltbilder ist das,
hätte man früher gesagt, aber er geht viel
tiefer als politische Ideologien und Positionen. Noch anders formuliert ist es ein
Gegensatz zwischen verschiedenen Gra-
den von Optimismus und Pessimismus
bezüglich der möglichen Reichweite des
Handelns, ein »kultureller Gegensatz«
also. Gegenüber stehen sich eine Kultur,
die etwas hasenherzig ihre Innenstädte
zu Fußgängerzonen oder historischen
Freiluftmuseen versiegelt, und eine andere Kultur, die bisher nie besonders ein-
drucksvoll ausgesehen hat bei den immer
neuen Anläufen, die Folgen ihrer eigenen Umgestaltungsprojekte (von »inner
cities« zum Beispiel) unter Kontrolle zu

bringen. Aus dem Blickwinkel der Fuß-
gängerzone ist ohnehin jeder auf Widerstand stoßende Versuch von geplanter
Veränderung dazu verdammt, in Viet-
nam-Dimensionen auszuufern. Daher
die Passion für Verschiebung und Unabschließbarkeit.

\*

In jenen Jahrzehnten, die Paris als seine
Gründerzeit inszeniert und die deutsche
Historiker jetzt gerne »Sattelzeit« nennen, also ungefähr zwischen 1780 und
1830, schwärmte man für in ihrer Form
vollendete Ereignisse als »Taten«. Deshalb erinnern wir uns bis heute an jene
Zeit vor allem über große Namen und
große Gestalten: Mirabeau, Danton, Ro-
bespierre – und dann lange niemand und
nichts als Napoleon Bonaparte, bis die
Spanne im Jahr 1830 mit *Le rouge et le
noir*, dem Roman vom Aufsteiger und
Tatmenschen Julien Sorel, zu Ende geht.
Erstaunlicherweise umgab ihre naturwissenschaftliche und philosophische
Imagination jene ereignispralle Gegenwart mit zwei offenen Enden. Während
Cuvier und Darwin, Hegel und Marx die
Geschichte mit Ereignissequenzen füll-
ten, mit Stufen der Evolution und mit
immer neuen Dreischritten von These/
Antithese/Synthese, ließen sie zugleich
den Anfang und das Ende der Zeiten offen oder jedenfalls nur vage bestimmt.
Am Ende der Geschichte war an die
Stelle von Begriffen der »perfection« die
unabschließbare »perfectibilité« getreten (selbst die Idee von der »kommunistischen« oder »klassenlosen Gesellschaft« bedurfte dieser Konzession an die
Dynamik potentieller Veränderung).
Was den Anfang angeht, so war man fürs
erste stolz genug, den Bericht von der
göttlichen Schöpfung als Mythos interpretiert und aus dem aufgeklärten Wissen eliminiert zu haben – und machte
sich noch nicht viele Gedanken darüber,
wie denn ohne einen Gott Evolution und
Geschichte in Gang gekommen sein
könnten. Heute aber, da wir Hegel, Marx
und auch Darwin bis zum detailbesesse-

nen Überdruß historisiert (und das heißt: distanziert) haben und uns nach erstaunlich kurzer Eingewöhnungszeit in einer sich stets verbreiternden Gegenwart aalen, welche uns, hoffen wir, vor aller Härte der Ereignisse verschonen soll, heute nun scheint wieder eine Sehnsucht aufzukommen nach markanten Ereignissen des Beginns und des Endes. Wir haben allerdings diese Dimension der in die Zeit eingeschriebenen Formen von unserer Gegenwart auf die Horizonte der fernsten Vergangenheit und der fernsten Zukunft verschoben. Kaum ein Phänomen und kaum eine Institution gibt es, deren »Ende« nicht schon längst gedankenschwer prognostiziert worden wäre, seit Michel Foucault 1966 mit penetrantem Willen zur Poesie voraussagte, daß die uns vertraute und liebe »Gestalt des Menschen« bald verweht sein würde wie ein in den Meeressand gezeichneter Umriß. Auf dem Markt intellektueller Gemeinplätze erfreut sich das Zukunftsereignis vom »Ende des Menschen« bis heute großer Beliebtheit, vor allem wohl, weil es jenes romantische Gruseln auslöst, das auch den Zartbesaiteten insgeheim angenehm ist. Zugleich ist an die Stelle des früher doch sehr unterbelichteten Weltanfangs das unüberbietbare Mega-Ereignis des Big Bang getreten, oder machtvoller noch: die knatternde Sequenz einer Kettenreaktion von Big Bangs. Daß die spekulationsfreudigen Kosmologen unserer Zeit gleich nachschieben, der Big Bang sei wohl kein Urereignis, sondern eher so etwas wie der wiederkehrende Wendepunkt gewesen in einem möglichen Alternieren zwischen expansiven und kontraktiven Phasen des Kosmos, überhören wir lieber. Denn anscheinend brauchen wir geformte Zeit an wenigstens einer Stelle unserer Vorstellungsökologie – und wenn wir ihre Kanten und Konturen auf Distanz von unserer Gegenwart halten wollen, dann müssen wir sie eben an den Peripherien unterbringen.

*

Was sich dann in der Gegenwart überhaupt noch ereignen kann, soll nicht menschengemacht oder menschenverschuldet aussehen. Erdbeben und sogar ein Alltag angesichts der allerhöchsten Wahrscheinlichkeit, bald ein spektakuläres Erdbeben zu erleben, weiß man als Nachbar des Sankt-Andreas-Grabens, das sind Drohungen, die sich an die Kategorie des Romantisch-Gruseligen angepaßt haben. Dazu gehören natürlich auch alle Arten von Unwettern und vor allem das allerseits so beliebte Ozonloch, das sich ganz mühelos mit dem Ereignishorizont des Weltendes verbindet – obwohl im Lager der unromantischen Naturwissenschaftler, liest Jobst, einige Koryphäen die Möglichkeit in Frage stellen, daß seine Existenz und vor allem seine verheerenden Auswirkungen je empirisch unter Beweis gestellt werden könnten. Statt sich aber auf so kleinliche Debatten einzulassen, wollen Wilhelm, Almut und Hedwig in ihrer grünlich bewegten Freizeit dem »global warming« weiterhin mit dem Thermometer auf der Fensterbank den Puls fühlen, nährt dies doch das erhebende Gefühl, die Bewegung zwischen der letzten Eiszeit und der nächsten auf Erlebnis- und beinahe schon Bildschirmdimension in den Blick zu bekommen. Wie auch sonst so oft läßt sich der jahreszeitliche Hüttenbewohner und Kulturkonservative Martin Heidegger einholen als ein Vorgänger dieses postmodernen (kann man wohl immer noch sagen) Trends in der Zeitmodellierung, welcher Ereignisse nur an den Peripherien zulassen will – dann allerdings mit Emphase. Denn schon in seiner Vorlesung *Was ist Metaphysik?* aus dem Sommer 1935 wollte sich Heidegger adlerhoch über Jahrhunderte voll von philosophischen Autoren erheben, die alle, meinte er, die eine große, eben metaphysische Frage verfehlt und verspielt hätten: die Frage, wie es denn komme, daß es etwas, die Welt, den Kosmos gebe – und nicht nichts. Bald schon nahm derselbe Heidegger dem »Dasein« (andere Philosophen hätten gesagt: dem Subjekt) jene spezifische Form des ereignisproduzierenden Handelns aus den geistigen Händen, welche der Neuzeit soviel Respekt vor sich selbst eingeflößt hatte. »Wahrheit« sollte nicht mehr ein Ziel und ein Gut sein, zu dem hin das Dasein handelnd und forschend gelangen könnte, sondern ein unvorhersehbares Ereignis (oder Geschehen) der Selbstentbergung des Seins, für das bestenfalls und in größter Gelassenheit das Dasein offen zu sein habe. »Wahrheit geschieht als der Urstreit von Lichtung und Verbergung«, sagte Heidegger, nicht gerade kristallklar, als er 1935 zum erstenmal seinen Vortrag über den *Ursprung des Kunstwerks* hielt. Was immer er sich genauer als Bedeutung zu diesen Worten vorgestellt haben mag, das Präfix »Ur« suggeriert eine Verbindung zwischen dem Wahrheitsgeschehen als einer in der Gegenwart zu veranschlagenden Ereignisdimension und dem Mega-Ereignis vom absoluten Beginn des Kosmos. Hier konvergieren bereits die zwei Ebenen dessen, was Heidegger bald »Seinsgeschichte« nennen wird: die ganze (zumindest in Heideggers Sprache entfaltete) Wucht des Seins als Faktum, als Ur-Faktum sozusagen, und jene punktuellen Eruptionen des Wahrheitsgeschehens, durch die sich das Sein entbergen soll.

*

»Warum Heidegger verhunzen«, hat Laura zu Nina gesagt, »oder uns den Sommer von ihm vermiesen lassen, wenn sich derselbe Effekt viel einfacher beim Baden im Ozean haben und spüren läßt?« Denn auf Wahrheitsgeschehen warten, das ist wie auf die eine große Welle warten, welche die Körper der beiden überwältigen, tragen und anfassen wird, während sie wissen, daß die Kraft dieser Welle sie spielend zerstören könnte. Ist das ein Glück von der Ahnung des Endes? Jedenfalls werden Laura und Nina auf die große Welle warten. Keine absolute Gewißheit und nicht einmal ein Versprechen der großen Welle, des großen Erdbebens oder (sagt Heidegger) des Wahrheitsereignisses gibt es, nur das

Vertrauen, daß sie geschehen werden, und die gespannt-gelassene Ruhe des Wartens. Aber trotz des gespannten Wartens kommt, was am Ende kommt, mit der vehementen Plötzlichkeit eines Ereignisses und hat sich auch schon unumkehrbar entfernt, wenn man, auf den Strand geworfen, gerade wieder bei Sinnen ist. Dann räkeln sich Nina und Laura wie Nixen im Sand, ihre Arme kommen einen Moment in Kontakt, sie reiben die vom Salzwasser brennenden Augen, finden das Licht so hell wie ihre Freude am Meer und laufen gleich wieder lachend in die Wellen, die gerade – aber nie für lange – flach und fast still sind. Als sie auftauchen, mit ein bißchen Schaum auf den honigblonden und auf den schwarzen Haaren, kommt dem nicht wirklich sonnenbadenden Wilhelm – fast wie weiland Goethes Werther – der Name »Aphrodite« in den Sinn. Neben ihm glänzen aber unter der Sonne und ganz unverwischt noch die Spuren der wirklichen Mädchen im Sand.

*

Für Dominoeffekte schwärmen wir, für Kettenreaktionen und vor allem für jene Staus auf der Autobahn, die niemand vorhersieht und von denen wir nachher nicht einmal sagen können, wie sie entstanden sind. Solche Formen faszinieren uns, weil sie es möglich machen, Teil von Ereignissen zu werden, ohne daß man dafür verantwortlich sein könnte, eine labile Ordnung durcheinandergebracht zu haben. Staus gibt es sogar im sonst so aufgeräumten siebten Arrondissement – und zwar mit beinahe allmorgendlicher Regelmäßigkeit. In einem Dominoeffekt zu stehen, kann noch beim Kollaps vielfacher Mauern immerhin den überzeugen, der sich eben wirklich gerne überwältigen läßt. Und Kettenreaktionen – Kettenreaktionen des Handelns zumal – haben es sowieso in sich. Weil sie als Form keinen markierten Anfang und kein markiertes Ende brauchen, kann jeder in einer Kettenreaktion Handelnde in Anspruch nehmen, eben nichts verändert und kein Ereignis provoziert, sondern nur eine Symmetrie erhalten zu haben. Wie bei Bouvard und Pécuchet inszenieren sie das Tag für Tag am Frühstückstisch: am Dienstag findet es Jörn nur recht und billig, daß Israel auf die Provokation von Hamas reagiert hat, während am Mittwoch Jobst mit Befriedigung registriert, daß der Vergeltungsschlag von Hamas umgehend auf die israelische Mittwochs-Attacke antwortete. Die Frage, »wer denn angefangen habe«, führt aus dem schaukelnden Dilemma nicht heraus, weil keinen Anfang und kein Ende zu haben ja gerade die Mechanik dieser Systeme ausmacht. Entsprechendes gilt für die Verpflichtung zum Aufhören. Immobile Zonen höchsten Energieverbrauchs und höchster Energieentfaltung in einer ereignisfreien Welt sind solche alternierenden Kettenreaktionen, und weil jeder nächste Schritt sie nur am Leben erhält, ist keine dieser Reaktionen selbst ein Ereignis. Ein Ereignis wäre allein ihr Aussetzen. Nun fordert (aus gar nicht einmal sehr evidenten Gründen) die uns vertraute Moral, daß der Stärkere einen solchen Rhythmus unterbrechen und also mit dem Aussetzen anfangen soll. Einmal abgesehen davon, wie unwahrscheinlich es ist, daß Scharon zum Gandhi unserer Tage wird, sollte es denn wirklich den Frieden garantieren, wenn der »Stärkere nachgibt« und sich auf die Wirksamkeit des »gewaltlosen Widerstands« verläßt? Lorbeerkronen oder auch Fleißbildchen bei den Vereinten Nationen und im Iran wird der Stärkere dafür nicht ernten, und vor allem ist es nachgerade unwahr-

scheinlich, daß der Schwächere symmetrisch – das heißt: ebenfalls mit Gewaltverzicht – reagiert. Im Gegenteil, Hamas (und das soll man den radikalen Palästinensern nicht einmal besonders ankreiden) könnte gewaltlosen Widerstand auf der Seite Israels nur als ein Zeichen von Schwäche deuten (doch bestimmt nicht als umstimmendes Fanal und Zeichen guter Absichten), würde deshalb auf einen nun endlich anstehenden Dominoeffekt hoffen und nach Möglichkeit seine Attacken vermehren. Das ist die Lehre von Vietnam (und im Gegen-Sinn die Lehre der Kubakrise): gewaltloser Widerstand kann nur erfolgreich sein, wenn er die Strategie der Schwächeren ist, weil er nur dann die Schläge des Stärkeren zu Unrecht macht – und er ist natürlich auch einfach deshalb alternativlos, weil der Schwächere ohnehin keine Chance hat, durch Einsatz von Gewalt zu siegen. Die palästinensischen Selbstmordattentate mögen Israel an den Rand der Verzweiflung bringen, aber sie werden nie die Kräfteverhältnisse umkehren.

*

»Wie zynisch das klingt«, sagt Hedwig versonnen und so, als ob sie nun ganz traurig wäre, über ihrem Espresso im Café de Flore, das sie für ihr Stammcafé in Paris hält. »Wie zynisch das wirklich ist, und wie einfach alles sein könnte, wenn die Menschen nur zu ein bißchen Frieden bereit wären.« Dies aber, ahnen Laura und Nina am Nebentisch, ist eine ziemlich unmenschliche Zumutung.

CHRISTOPH VON MARSCHALL, geb. 1959, leitender Redakteur des *Tagesspiegel*. 1993 ist erschienen *Freiheit in der Unfreiheit*.

ERNST-OTTO CZEMPIEL, geb. 1927, Professor emeritus für Auswärtige Politik, Mitglied der Hessischen Stiftung Friedens- und Konfliktforschung, Frankfurt. 2002 ist erschienen *Weltpolitik im Umbruch. Die Pax Americana, der Terrorismus und die Zukunft der internationalen Beziehungen*.

RALF DAHRENDORF, geb. 1929, lehrt an der London School of Economics. 2002 sind seine Lebenserinnerungen *Über Grenzen* erschienen. – Bei dem Beitrag handelt es sich um die Bucerius Lecture, die im Mai 2003 im German Historical Institute London gehalten wurde.

DIRK TÄNZLER, geb. 1955, ist Geschäftsführer des Sozialwissenschaftlichen Archivs an der Universität Konstanz. Mitherausgeber von *Figurative Politik* (2002).

KATHARINA RUTSCHKY, geb. 1941, Autorin. 2001 ist erschienen *Der Stadthund*.

RICHARD KLEIN, geb. 1953, Herausgeber der Zeitschrift *Musik & Ästhetik*.

THOMAS STEINFELD, geb. 1954, leitender Redakteur im Feuilleton der *Süddeutschen Zeitung*. Zuletzt sind erschienen *Riff. Tonspuren des Lebens* (2000) und *Wallanders Landschaft* (2002).

THOMAS SPARR, geb. 1957, ist Leiter des Siedler Verlags.

BYUNG-CHUL HAN, geb. 1959, Privatdozent am Philosophischen Seminar der Universität Basel. 2002 ist erschienen *Tod und Alterität*.

ROLAND BENEDIKTER, geb. 1965, Mitarbeiter am Institut für Ideengeschichte und Demokratieforschung Innsbruck, lehrt an der Universität Innsbruck und dem Laboratorio Freudiano in Mailand. 2003 ist erschienen *Postmaterialismus 6. Die Globalisierung*.

ADAM KRZEMIŃSKI, geb. 1945, Kommentator der Wochenzeitung *Polityka*. 2001 ist der Essayband *Deutsch-polnische Verspiegelung* erschienen.

GERHARD DREKONJA-KORNAT, geb. 1939, Professor für außereuropäische Geschichte an der Universität Wien. Herausgeber von *Kolumbien zwischen Krieg und Frieden* (2003).

MANFRED BIERWISCH, geb. 1930, Professor emeritus für Linguistik an der Humboldt-Universität zu Berlin. 2003 ist erschienen *Arbeit in verschiedenen Epochen und Kulturen* (Mitherausgeber).

HANS ULRICH GUMBRECHT, geb. 1948, Albert Guérard Professor in Literature an der Stanford University, Kalifornien. 2003 ist erschienen *Die Macht der Philologie*.

Im nächsten Heft:

*BURKHARD MÜLLER*
Die Flügel des Gedächtnisses. Immer noch gibt es den »Büchmann«

*INGEBORG HARMS*
Martyrium der Schönheit. Über Mode als Fetisch

*WOLFGANG KEMP*
Cruising als wissenschaftliche Bewegungsform.
Den Gay, Lesbian und Queer Studies auf der Spur

*BERNHARD SCHLINK*
Sommer 1970. Kleine Bewältigung einer kleinen Vergangenheit

**Bezugsbedingungen:** Der Merkur erscheint monatlich, im Sept./Okt. als Doppelheft. Die Zeitschrift kann durch jede Buchhandlung oder unmittelbar vom Verlag bezogen werden. Preis des Einzelheftes € 10,- / sFr 17,80, des Doppelheftes € 18,- / sFr 31,40, im Abonnement jährlich € 98,- / sFr 149, für Studenten und Akademiker im Vorbereitungsdienst gegen Vorlage einer Bescheinigung € 72,- / sFr 113,-. Private Abonnenten, die direkt über den Verlag beziehen, erhalten einzelne Hefte zum anteiligen Abo- bzw. Abovorzugspreis. – Falls die Lieferadresse von der Rechnungsadresse abweicht, fallen zusätzliche Kosten von € 0,35 je Heft und Lieferung an. Der Abonnementpreis ist jährlich im voraus fällig. Alle genannten Preise enthalten die zum Zeitpunkt des Kaufs gültige Mehrwertsteuer. In Drittländern (außerhalb der EU) gelten die angegebenen Preise netto; alle Preise jeweils zuzüglich Versandkosten. Die Kündigung des Abonnements muß spätestens zum 30.11. auf das Ende des Kalenderjahres in schriftlicher Form an den Verlag erfolgen.
**Manuskripte:** Für unverlangt und ohne Rückporto eingesandte Manuskripte kann keine Gewähr übernommen werden.
**Urheber- und Verlagsrecht:** Alle veröffentlichten Beiträge sind urheberrechtlich geschützt. Nachdruck eines Beitrages während der gesetzlichen Schutzfrist nur mit Genehmigung des Verlags. Auch die Rechte der Wiedergabe gleich in welcher Form – durch Vortrag, Funk- oder Fernsehsendung, im Magnettonverfahren, auf elektronischem oder auf ähnlichem Wege – bleiben dem Verlag vorbehalten.
Zuschriften, die den Vertrieb und die Anzeigen betreffen, an den Verlag erbeten.
**Verlag:** J. G. Cotta'sche Buchhandlung Nachfolger GmbH, Postfach 10 60 16, 70049 Stuttgart, Tel. 07 11/66 72-0
**Abonnementverwaltung** (falls vorhanden, bitte Ihre Kundennummer angeben): Friederike Kamann (9.00 – 13.00 h), Tel. 07 11/66 72-12 25; Thomas Kleffner, Tel. 07 11/66 72-16 48, Fax 07 11/66 72-20 32, e-mail: th.kleffner@klett-cotta.de
**Anzeigenverwaltung:** Maria Stork, Tel. 07 11/66 72-13 48, Fax 07 11/66 72-20 33. Zur Zeit ist die Anzeigen-Preisliste Nr. 18 vom 1.1.2002 gültig. Verantwortlich für den Anzeigenteil: Rainer Just.
Fotosatz: TypoScript, Waldorf & Deiser, München. Druck und Einband: Ludwig Auer, Donauwörth.

Redaktionsschluß: 7.10.2003

ISSN 0026-0096      NC  N  NCA

*»Aufklärung ist ... das immerwährende erhellende Gespräch, das wir mit uns selbst und mit dem anderen zu führen gehalten sind.«*

Jean Améry

Jean Améry zählt zu den bedeutendsten europäischen Schriftstellern und Intellektuellen des 20. Jahrhunderts. Seine bahnbrechenden Essays sind in ihrer Bedeutung wohl nur mit den Schriften Hannah Arendts und Theodor W. Adornos zu vergleichen. Améry hat wie kein anderer die deutsche Öffentlichkeit mit französischen Dichtern und Denkern wie Proust und Flaubert, Sartre und Simone de Beauvoir bekannt gemacht. Diese große neue Edition der Werke Amérys gibt zum ersten Mal einen Gesamtüberblick über die Vielseitigkeit dieses europäischen Denkers. Die auf neun Bände angelegte Ausgabe stellt den Kulturkritiker wie den Romancier vor, zum Teil mit noch nie erschienenen Texten. Jeder Band enthält einen Dokumentationsteil und ein eingehendes Nachwort zur Entstehungs- und Rezeptionsgeschichte der jeweiligen Texte.

Einen zentralen Teil der Ausgabe bilden die drei Aufsatzbände. Zunächst erscheint Band 5 – er sammelt Amérys Arbeiten zur Literatur und zum Film. Die Texte dieses Bandes, deren Spektrum von Georges Bataille bis Michel Tournier, von Thomas Mann bis Thomas Bernhard reicht, machen Literatur als existentielle Erfahrung nachvollziehbar.

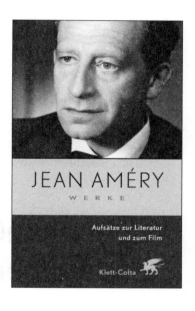

**Jean Améry:
Aufsätze zur Literatur und zum Film**
Werke, Band 5

Herausgegeben von Hans Höller
640 Seiten, geb. mit Schutzumschlag
Einzelpreis:
€ 34,– (D) / sFr 57,–
Subskriptionspreis:
€ 29,– (D) / sFr 49,50
ISBN 3-608-93565-7

**Klett-Cotta**
www.klett-cotta.de

*Abb. Bodenvertiefung als Deckung bei Verfolgung*

# überlegen, überleben

Praktische Tipps und Orientierung für jede Situation Ihres Lebensalltags: Die unterhaltsame Vertiefung politischer und gesellschaftlicher Themen bietet Schutz vor Verfolgung durch ungeklärte Fragen.

# »... die Türen der Hölle stehen Tag und Nacht offen.«

*Vergil*

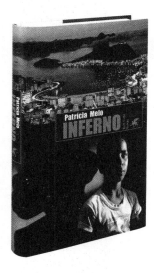

**Patrícia Melo:**
**Inferno**
Roman

Aus dem Portugiesischen von
Barbara Mesquita
400 Seiten, gebunden mit
Schutzumschlag
€ 24,– (D) / sFr 41,40
ISBN 3-608-93231-3

»Patrícia Melo hat das Sensorium
des Filmautors für rasche, oft
krasse Dialoge.
... Es ist ein Roman, der einem in
die Eingeweide fährt – und dann
verstörend im Gedächtnis bleibt.«
*Independent on Sunday*

---

er Kinderheld José, der sich der Kleine König nennt, lebt in den Favelas von Rio de Janeiro: ein emotionaler Krüppel, im Innern tief verletzt durch die Prügel seiner Mutter; ein unfertiger Mann; ein Pragmatiker, der in die Welt hinausdrängt. Er möchte irgendwo dazugehören, wo er Halt und Anerkennung bekommt, und so gerät er in eine Welt der Gewalt.
Der Titel erinnert an Dante, und Patrícia Melo beschreibt die Stadt als einen Kreis der Hölle, in dem Mord, Vergewaltigung und Folter zum Alltag gehören, wo das Entsetzliche normal ist. Gewalt geschieht nebenbei, mit einem Achselzucken: Josés Boß schießt, um ihn wegen seiner Unaufmerksamkeit zu strafen, in die Hand.
In diesem Roman gibt es keine Moral. Ein Verbrecher zu werden ist die logische Antwort auf das Pech, in diese Welt hineingeboren zu sein. Patrícia Melo zeigt hier ihre literarische Meisterschaft: einen kalkulierten Stil, der auch das scheinbar unbedeutendste Detail sichtbar macht.

**Klett-Cotta**
www.klett-cotta.de